国家图书馆海外中国问题研究资料中心 编

国外中国研究著作选目提要

2012

國家圖書館出版社
National Library of China Publishing House

图书在版编目（CIP）数据

国外中国研究著作选目提要·2012／国家图书馆海外中国问题研究资料中心编. —北京：国家图书馆出版社，2014. 7

ISBN 978－7－5013－5438－2

Ⅰ. ①中…　Ⅱ. ①国…　Ⅲ. ①外文图书－专题目录－中国　Ⅳ. ①Z88：G256. 1

中国版本图书馆 CIP 数据核字（2014）第 176752 号

书　　名　国外中国研究著作选目提要·2012
著　　者　国家图书馆海外中国问题研究资料中心　编
责任编辑　许海燕

出　　版　国家图书馆出版社（100034　北京市西城区文津街 7 号）
（原书目文献出版社　北京图书馆出版社）
发　　行　010-66114536，　66126153，　66151313，　66175620
66121706（传真），66126156（门市部）
E-mail　btsfxb@ nlc. gov. cn（邮购）
Website　www. nlcpress. com→投稿中心
经　　销　新华书店
印　　装　北京华正印刷有限公司
版　　次　2014 年 11 月第 1 版　2014 年 11 月第 1 次印刷

开　　本　787×1092（毫米）　1/16
印　　张　16. 75
字　　数　300 千字

书　　号　ISBN 978－7－5013－5438－2
定　　价　48. 00 元

主编： 李　嘉

编委： 陈颖艳　梁　婧　李东屹

潘　望　李婷婷　陈　宁

廖　迅　陈英爽　尹汉超

国家图书馆中国研究外文文献典藏与服务发展概述（代序）

尹汉超（国家图书馆海外中国问题研究资料中心）

“外文求精、中文求全”是国家图书馆文献采选工作的基本方针，国外中国研究文献则被列为外文文献采选的“精中之精”。经过几代图书馆人的耕耘，今日国家图书馆的中国研究外文文献典藏已经形成了一定的规模，成为特色馆藏之一。回顾其发展历程，大致可以分为以下几个阶段：

一、初创与开拓阶段（1949 年前）

中国研究外文文献之所以能够成为今日国家图书馆的特色馆藏，源于我国现代图书馆事业先驱、国立北平图书馆（今国家图书馆）前馆长、图书馆学和目录学家袁同礼先生的远见卓识和艰苦努力。

国立北平图书馆是 1929 年依据南京国民政府与中华教育文化基金会达成的协议，由京师图书馆与北平图书馆合并而成的。袁同礼于 1929—1948 年间历任副馆长和馆长。作为一位科班出身的图书馆学专家，袁同礼非常重视东方学①文献的采选，在 1931 年的《国立北平图书馆之使命》一文中，袁同礼明确指出，“外国文书方面，举凡东西洋学术上重要之杂志，力求全份，古今名著极易搜罗，而于所谓东方学书籍之探求，尤为不遗余力，以为言边防、治国闻、留心学术者之览观焉”②。

---

① 东方学是以相对西方而言的东方（近东和远东，包括中国）的社会、思想、宗教、文化、语言、民族、历史、考古等为研究对象的西方学术研究领域，近年逐渐被“亚洲研究”所取代。

② 袁同礼：《国立北平图书馆之使命》，《中华图书馆协会会报》第六卷第六期，1931 年，第 3 页。

1931—1937 年是该馆外文藏书建设的黄金时期，同时也是东方学文献藏书建设的第一个发展时期。据 1931—1932 年馆务报告记载，该年度外文购书经费的预算共计 35000 美元，其中东方学文献的采购经费是 5000 美元，居各类文献之首①。同年度购得的 993 册日文书中，也以东方学和历史地理类为多②。在此后每年的西文和日文图书采选中，东方学始终是采购重点之一。

也是在这一时期，以意大利人罗斯（Mr. Giuseppe Ros）藏书、德国人穆麟德（Paul George Von Mollendorff）藏书、法国人普意雅（George Bouillard）藏书和西班牙人玛利亚（Santa Maria）藏书等私人捐赠的东方学文献为基础，中国研究外文文献特藏逐步建立起来，此类图书的索取号统一添加了 C 标识（China 首字母），此后又进一步以 2C、3C 和 4C 来区分西文、俄文和日文的中国研究图书。

“七七事变”后，购书渠道因战争原因几近中断，外文图书采购只能通过香港辗转内地，加之庚子赔款停付，一直资助国立北平图书馆的中华教育文化基金会的收入来源几近枯竭，导致外文图书采购遭遇严重挫折。国立北平图书馆多次呈文重庆国民政府，希望将图书馆经费列入国家正式预算，幸得教育部审批通过并以补助费的方式拨发。为了用好有限的购书资金，1943 年袁同礼委托美国的中国研究学者重点购置东方学以及政治、经济类外文文献。内战爆发后，外文文献的采买再次停滞。如此断断续续，到新中国成立初期，国立北平图书馆带“C”标识的藏书达到 4500 种③。

袁同礼任馆长期间，不仅重视东方学文献的采购、收藏，而且改变了重藏轻用的观念，提倡主动为读者服务。他认为图书馆应该“或代编辑书目，或为搜集材料，所以减少其翻检之时间而谋其便利，而直接间接又负指导之责者也”。为此，他主持开展了以下工作：

一、编制文献目录和索引。从 1927 年到 1948 年，国立北平图书馆每年都编纂大量中国研究相关外文书目（详见表 1），特别值得一提的是《北平各机关及图书馆所藏中国问题西籍联合分类目录》④ 和《馆藏中国问题西籍分类

① 国立北平图书馆：《国立北平图书馆馆务报告》（民国二十年七月至二十一年六月），北平：国立北平图书馆，1932 年，第 9—10 页。

② 国立北平图书馆：《国立北平图书馆馆务报告》（民国二十年七月至二十一年六月），北平：国立北平图书馆，1932 年，第 12—13 页。

③ 李镇铭：《七十年来北京图书馆外文藏书建设》，《图书馆学通讯》1982 年第 2 期，第 22 页。

④ 北平北海图书馆：《北平北海图书馆第三年度报告》，北平：北平北海图书馆，1929 年，第 22—24 页。

目录》[①]。这些目录和索引在当时受到读者和学者的高度评价。

二、创办学术刊物《图书季刊》，重点揭示中国研究外文文献馆藏，刊载中国研究文论，成为当时中外学者交流中国问题研究的重要平台。

三、加强与国外学者的交流，指派专人为国外中国研究学者服务。费正清（Wilma Fairbank）、恒慕义（Arthur W. Hummel）、赛珍珠（Pearl S. Buck）、顾立雅（Herrlee G. Creel）、傅吾康（Wolfgang Franke）等知名中国研究学者都曾到馆寻求帮助并得到慷慨支援，使得国立北平图书馆成为当时中西学术交流中心之一。

表 1：1927—1948 年（抗战时期除外）国立北平图书馆编纂的部分中国研究书目

时期	书目及相关工作计划
1927 年 7 月—1928 年 6 月	西译华籍书目；西译中国诗集目；关于波斯人拉斯特所著元史之译本目[②]
1928 年 7 月—1929 年 6 月	关于中国交通之书目；北平各图书馆所藏关于中国问题书籍联合目录[③]
1929 年 7 月—1930 年 6 月	关于满洲之中英文书目；关于蒙古之中英文书目；关于西藏之中英文书目；中诗西译要目；关于东方宗教及民俗之西文书目[④]
1930 年 7 月—1931 年 6 月	关于馆藏法文东方学书目；关于沟通中西文化书籍书目；关于中国关税会议论文集目；关于中国小说西译书目；关于中国戏曲西译书目[⑤]

① 国立北平图书馆：《国立北平图书馆馆务报告》（民国二十四年七月至二十五年六月），北平：国立北平图书馆，1936 年，第 14—21 页。该目录共收录书籍 6000 种，采用美国国会图书馆的分类法，书末附有人名和书名索引。

② 北京图书馆：《北京图书馆第二年度报告》，北京：北京图书馆，1928 年，第 20—22 页。

③ 北平北海图书馆：《北平北海图书馆第三年度报告》，北平：北平北海图书馆，1929 年，第 22—24 页。

④ 国立北平图书馆：《国立北平图书馆馆务报告》（民国十八年七月至十九年六月），北平：国立北平图书馆，1930 年，第 35—37 页。

⑤ 国立北平图书馆：《国立北平图书馆馆务报告》（民国十九年七月至二十年六月），北平：国立北平图书馆，1931 年，第 35—37 页。

续表

时期	书目及相关工作计划
1931年7月—1932年6月	关于满洲问题书目；关于苏俄在中国活动论文集目；关于国际法庭记载之中文论文集目；华书英译简目；德译中国经书简目；关于编制中日鲜满蒙藏文目录之论文简目①
1932年7月—1933年6月	西译中国法律书目；“九一八”以来关于东北问题之中西文书籍及论文目录；研究云南之中西文目录；将日本高岩君所著研究东方问题的东洋史论文要目，拟译为汉文，并将馆藏日文书中有关中国学术论文要籍之目录附载其后②
1933年7月—1934年6月	关于海牙国际法庭之中国出版物目录；关于中国共产党中西文书籍及论文书目；南洋问题书目；美国汉学家恒慕义博士著述目录③
1934年7月—1935年6月	西文中国边务问题书目④
1935年7月—1936年6月	英译中国诗目录；民国二十三年度关于中国问题之西文论文索引；馆藏中国问题西籍分类目录；关于国防资源之中西文书籍及论文简目⑤
1936年7月—1937年6月	关于回教之西文书选目；关于中国建设之西文书选目；关于国联与中国参考资料选目；关于中国茶中西文书目；中国考古学及古器物学日文书选目；中国考古学及古器物学西文书选目；关于中国陶器西文书选目；关于南京西文书目录；馆藏关于上海文献史料中西文目录；关于天津及大连之西文论文选目；关于热河之西文书及论文选目；钢和泰著述目录；继续编辑北平各机关及图书馆所藏中国问题西籍联合分类目录；编纂新疆书目解题，涉及西文书1600种，搜集关于中国边疆问题之西文书籍亦得3000余种⑥

① 国立北平图书馆：《国立北平图书馆馆务报告》（民国二十年七月至二十一年六月），北平：国立北平图书馆，1932年，第27—32页。

② 国立北平图书馆：《国立北平图书馆馆务报告》（民国二十一年七月至二十二年六月），北平：国立北平图书馆，1933年，第28—32页。

③ 国立北平图书馆：《国立北平图书馆馆务报告》（民国二十二年七月至二十三年六月），北平：国立北平图书馆，1934年，第21—26页。

④ 国立北平图书馆：《国立北平图书馆馆务报告》（民国二十三年七月至二十四年六月），北平：国立北平图书馆，1935年，第26—27页。

⑤ 国立北平图书馆：《国立北平图书馆馆务报告》（民国二十四年七月至二十五年六月），北平：国立北平图书馆，1936年，第14—21页。

⑥ 国立北平图书馆：《国立北平图书馆馆务报告》（民国二十五年七月至二十六年六月），北平：国立北平图书馆，1937年，第18—24页。

续表

时期	书目及相关工作计划
1945—1948 年	《中国外交史书目》，全书计分数部，已完成者为：（一）《中国国际关系》，凡通论、条约、史料等均属之，已收书 200 余种；（二）《中英外交史》，收书 150 余种；（三）《中俄外交史》，收书 80 余种[①]

此外，袁同礼还依据时局的变化，不断拓展新的服务点。“九一八”事变后，他将满蒙问题及中日关系相关书籍陈列在大阅览室，供人自由取阅。1935 年设立远东研究室，将西文、日文远东问题研究文献悉数集中于此。1947 年又增设了德文和法文汉学研究书库。

作为目录学家，袁同礼本人主编和参与编著了很多书目，特别是在他定居美国（1948 年）之后[②]。这些书目汇集了当时世界范围内中国研究的成果，是中国研究学术领域的宝贵财富，为后续研究提供了极大的便利和坚实的文献基础。

二、沉寂与停滞阶段（1949—1976 年）

这一时期，在东西方冷战、经济封锁和政治运动的国内外大环境中，国内正常的学术研究活动趋于停滞，图书馆事业的发展也受到很大的影响与冲击。

新中国成立初期，西方国家对新中国实行经济封锁和贸易禁运，西文图书进口受到严重制约。其时已改名为北京图书馆（以下简称北图）的馆藏增长主要依赖国家调拨图书。其中南京伪中央图书馆的藏书，东北伪满洲国图书馆和白俄图书馆的藏书，以及北京西什库北堂图书馆的图书[③]中都含有大量中国研

① 《北京图书馆馆史资料汇编（1909—1949）》，北京：书目文献出版社（今国家图书馆出版社），1992 年，第 1266—1275 页。

② 《中国经济社会发展史目录》（*Economic and Social Development of Modern China：A Bibliographical Guide*）（1956）、《西文汉学书目》（*China in Western Literature：A Continuation of Cordier's Bibliotheca Sinica*）（1958）、《俄文汉学书目：1918—1958》（*Russian Works on China，1918 - 1958：A Selected Bibliography*）（1959）、《俄文汉学书目：1918—1960》（*Russian Works on China，1918 - 1960，in Amercian Libraries*）（1961）、《现代中国数学研究目录》（*Bibliography of Chinese Mathematics，1918 - 1960*）（1963）、《中国留欧大陆各国博士论文目录》（*A Guide to Doctoral Dissertations by Chinese Students in Continental Europe，1907 - 1962*）（1964）、《袁同礼的中国艺术及考古西文文献书目》（*The T. L. Yuan Bibliography of Western Writings on Chinese Art and Archaeology*）（1975）等。

③ 戚志芬：《北京图书馆》，《图书馆学通讯》1959 年第 1 期，第 45 页。

究文献，充实了北图的中国研究外文文献特藏。之后随着中苏关系恶化、自然灾害和政治运动的加剧，北图的外文图书采访工作陷于停顿。

此时，文献服务工作也不可避免地受到大环境的影响，特别是外文文献服务。1957年，北图参考组编制了内部资料性质的《馆藏西文有关中国书目》①，1962年开始对西文文献中有关中国研究部分的目录进行整理，将其分为公开、参考、内部三类②。至1963年，西文文献完成全部“有关中国问题”的图书及其他图书中的“总类”“哲学”等部分的分级，其中列入公开的243种，参考2588种，内部70种③。

总的来说，受政治运动和“极左”思潮影响，这一时期北图入藏的中国研究外文文献不仅数量少，而且入藏文献的研究主题、内容和观点都带有片面性。北图参考部在“文革”期间还成为重点批判对象，甚至一度被解散，直至1972年之后才逐步恢复。

三、复兴与发展阶段（1976年至今）

20世纪70年代，国外中国研究在国内学术界引起关注，并开始对其进行反研究。其时，始自美国区域研究学术领域的当代中国问题研究已经有了30年的发展历程，结合肇始于欧洲的有百年历史的汉学④，国内学术界开始将国外的中国研究称为“中国学”。相应的，国内的反研究则被称为“（国外）中国学研究”。1975年，中国社会科学院情报研究所成立了我国第一个专门研究中国学的机构——国外中国学研究室，推动了国内中国学研究的发展，并在80年代掀起了一个研究小高潮。在此背景下，北图顺应学术研究需求，在采访工作和业务格局两方面及时做出了相应调整。

1984年11月24日至12月1日，北图召开了采访工作会议。会议清理了“左”的思想对采访工作的影响，依据图书馆的职能要求，制订了《北京图书馆书刊资料采访条例》，明确了采访方针。时任副馆长胡沙同志在会议发言时指

---

① 该《书目》的上册为全部书号上附有“C”的西文有关中国的书，下册包括善本、普意雅和穆麟德的旧藏，最后附参考书。

② 《北京图书馆1962年工作总结》，《北京图书馆馆史资料汇编》（二），北京：北京图书馆出版社（今国家图书馆出版社），1997年，第738—739页。

③ 《北京图书馆1963年工作总结》，《北京图书馆馆史资料汇编》（二），北京：北京图书馆出版社（今国家图书馆出版社），1997年，第762—763页。

④ 汉学（Sinology），以中国哲学思想、宗教、文化、语言、历史、古代典籍等为研究对象的国外学术研究。

出“外国出版的中文图书和专论中国的图书，海外华人的著述原则上也应全收”①。

同年，北图还对参考部业务进行了调整，部门名称改为参考研究部，规定其首要任务是“调查文献、研究文献，注意了解国内外出版的各学科有价值的文献及其动态，特别注意关于研究中国的文献”②。

1989 年 1 月 20 日，参考研究部报文申请筹建中国学文献情报中心③，获批在参考研究部内设置中国学文献研究室。研究室在运行期间对馆藏中国学文献资源进行了调研，并在此基础上编制了大量馆藏西文、日文和俄文中国学文献卡片目录。该室最重要的工作成果莫过于在弥维礼（Wilhelm R. Mailer）博士资助下出版的《国际汉学》④。

1995 年，北图进行业务结构调整，中国学文献研究室与部内其他专题文献研究室均被并入社科参考组，馆藏中国学文献的整理研究工作逐渐停滞，整理好的卡片目录最终没能出版，《国际汉学》的编辑工作也转移到其他单位。现在看来，实为国家图书馆（1999 年更名，以下简称国图）一大憾事。万幸的是，对中国学文献的采访工作一直未曾放松。

进入 21 世纪后，数字资源成为图书馆文献资源的重要组成部分。2005 年 6 月 30 日，国图制订了《国家图书馆数字资源建设条例》，其中第一章第六条《数字资源采集方针》规定，数字资源采集内容应与我馆已形成特色馆藏的印本文献相结合，注重采集包括东方学在内的 13 种特色馆藏的数字资源⑤。2010 年修订的《国家图书馆文献采选条例》⑥ 第一章第六条第四款再次重申东方学为国图的特色馆藏；第七款明确提出要加强国外研究中国的文献的采选；第二十二条第二款则规定研究中国和华人的文献要全面采选；第四十条规定国外缩微文献中关于“国外研究中国和华人的资料，包括国外有关中国学的博士论文

① 《我馆召开采访工作会议》，《北图通讯》1985 年 2 期，第 79 页。

② 焦树安：《参考工作的回忆与断想——纪念建国三十五周年》，《北图通讯》1984 年 3 期，第 3 页。

③ 国家图书馆档案，027—1。

④ 《国际汉学》是改革开放以来国内第一份以研究汉学（中国学）为主旨并持续出版的高品位学术刊物，1995 年创办于国家图书馆，1996 年北京外国语大学海外汉学研究中心成立后，编辑工作转移到该中心。时任国家图书馆馆长任继愈先生亲自担任主编十余年。《国际汉学》初为半年刊，2013 年后改为季刊，除第一辑由商务印书馆出版外，其余各辑均由大象出版社出版。

⑤ 李致忠主编：《中国国家图书馆馆史资料长编》（下），国家图书馆出版社，2009 年，第 1299 页。

⑥ 国图业发［2010］54 号。

和中国留学生博士论文重点采选”。

2007年，依照《国家图书馆数字资源建设2006—2010年规划》（2005年7月发布）要求，参考研究辅导部建设完成了海外汉学家和海外中国学网站导航两个数据库并在国图网站发布。同年年底，国图进行了新一轮内设业务机构调整，在新成立的立法决策服务部之下设立中国学文献组，该组主要职责是协助馆内中国学文献采访，承担中国学文献的典藏、阅览和参考咨询服务①。这是国图历史上首次以科组建制开展中国学文献研究与服务工作。2008年7月7日，作为中国学文献组的对外称谓，“国家图书馆海外中国学文献研究中心”成立。2009年9月9日，中国学文献阅览室正式对外开放。2010年以来，中心开展了一系列工作，包括以中国学阅览室为窗口加强馆藏中国学文献的推广利用，先后推出《馆藏外文新刊中国研究篇目汉译目录》《中心通讯》《文献资讯》等出版物，举办“中国研究专题系列讲座”，建设中心网站等等，这些努力赢得了读者和学界的普遍认可和鼓励。

2012年1月1日，国图再次进行机构调整，取消中国学文献组，中心更名为“海外中国问题研究资料中心”，由立法决策服务部管理。

在国家图书馆的中国学文献典藏与服务工作踯躅前行的同时，国内学界也相继成立了一些中国学研究机构，如华东师范大学海外中国学研究中心、北京大学国际汉学家研修基地、上海社会科学院世界中国学研究所、北京联合大学海外中国学研究中心等。与学界的中国学研究不同，国图的中国学研究始终是围绕文献进行的，其最终目标是为学术研究提供文献支撑，提高学术研究的效率。书目索引和提要的编制工作是图书馆传统的重要的业务工作内容之一，其有效组织和深度揭示文献的功能即使在网络化、数字化大行其道的今天，依然有其独特的价值。新一代图书馆人理应把袁同礼馆长和图书馆前辈们开启的中国研究文献目录索引编制工作延续下去，使国家图书馆几十年累积的中国研究外文文献特藏得到充分开发利用。

① 李致忠主编：《中国国家图书馆馆史资料长编》（下），国家图书馆出版社，2009年，第1437页。

编辑说明

一、收录范围

以“中国”为研究主体的国外学术研究被学界称为汉学或中国学，对于这两个学科名称的定义、各自指代的研究范围以及研究主、客体的界定目前还存在颇多争议。由此，学科研究著作自然也存在一个范围界定的问题。本书为规避这一问题，试图用“国外中国研究著作”来把此两种学科名称所涵盖的专著类研究成果都纳入进来，并在此基础上取舍、规定了本书的著作收录范围。

本书收录的著作以人文社科类学术研究著作为主，兼收少量内容与中国相关的、创作态度严谨的纪实文学、人物传记、社会调查和研究报告等。分为西文和日文两大部分。

本书收录的著作是 2012 年首次出版的纸质正式出版物和内容有更新、修订、增补的再版书。单纯装帧或出版机构变化的再版和重印本不收。电子出版物和非正式出版物未收。

自助出版是近年新兴的一种出版业态，据美国书目资讯服务商 Bowker 提供的数据，仅 2011 年一年，美国自助出版发行的纸质书籍就达到了 14.8 万册，占全国纸质书出版总量的 43%①。目前我们对此类著作的质量持审慎态度，因此本书对通过 CreateSpace 等自助出版平台出版的纸质图书暂未收录。

遵循以上收录原则，本书选取 177 部著作编撰了提要，其中西文提要 129 篇，日文提要 48 篇。附录中收录书目 1076 条，其中西文书目 676 条，日文书目 400 条。

二、编撰体例

本书内容分为正文（提要）和附录（书目）两部分。提要和书目都先按西

---

① http://www.bowker.com/en-US/aboutus/press_room/2012/pr_10242012.shtml(2014-4-7).

文和日文分类，然后再依据著作内容分为政治·社会、外交·安全、经济·能源和历史·文化四大类。在各类之下，西文书目先按语种英、意、法、俄、德顺序排列，再按著（编）者姓名首字母排序；日文书目则按书名音序排列。

提要内容包括书目信息、书影、提要正文和作者简介。如收录同一作者的两部或两部以上著作，则只在第一部著作提要后对作者进行介绍，其余从略。

书目内容包括著（编）者、书名、出版地、出版者和出版年。著（编）者超过三人只著录第一人加［et al.］（西文著作目录）或［ほか］（日文著作目录）。出版地加［　］，如［London］，表示编者对此不确定；［s. l.］表示出版地不明。凡撰有提要的著作在书目中均用＊号标出。

受限于外文图书进口以及图书馆编目加工工作的诸多流程，本书是在未见到著作实体的情况下开始编撰的。本书收录的著作初始信息主要来自互联网，后期我们又将全部书目与美国国会图书馆、大英图书馆、澳大利亚国家图书馆、日本国会图书馆、中国国家图书馆等国家级图书馆的书目数据逐一进行了核对，但还是难免错误和疏漏，在此敬请各位读者指正。

编　者

2014年10月

目　　录

西文著作提要

政治·社会

Bandelj, Nina; Solinger, Dorothy J. *Socialism vanquished, socialism challenged: Eastern Europe and China*, 1989-2009. New York: Oxford University Press, 2012.

被征服与被挑战的社会主义：东欧与中国比较研究（1989—2009）

自1989年开始，东欧和中国这对曾经同属社会主义阵营的兄弟分道扬镳。前者彻底撕去了自身的社会主义标签，政治和经济体制都发生了根本性改变；后者则在共产党的领导下走向了市场经济，并且创造了吸引全世界目光的经济奇迹。虽然同样面临一个被不平等日益撕裂的社会，但无论是在政治制度、经济体制，还是国家—社会关系上，东欧与中国在过去20多年中走过了迥异的道路。因此很多人认为，剧变之后的东欧与中国之间失去了可比性，尽管学界有大量分别针对东欧和中国的研究，但很少有人将二者进行对比。

本书的两位编者对此做了一些新的尝试，她们汇集十几位学者的论述并将之分为五部分，依次比较东欧与中国的五个方面：政治再制度化，国家—社会关系重塑，经济体制改革，经济行为变化和社会制度变革。以每部分两篇文章，一篇谈东欧、一篇论中国的形式，追寻东欧和中国在过去20年间的发展轨迹。尽管每部分的研究主题和理论背景各异，但最后都回归到对后社会主义时代国家命运的关注上。对于东欧来说，民主的道路从来不是在20年之内就能走完的；而对于中国来说，今天需要面对的挑战也并不逊于20年前。

Nina Bandelj，美国加州大学欧文分校（University of California，Irvine）社会学副教授。

Dorothy J. Solinger（苏黛瑞），美国加州大学欧文分校政治学教授。其著作 *Contesting citizenship in urban China: peasant migrants, the state, and the logic of the market*（University of California Press，1999）获列文森中国研究图书奖，被公认为西方学界关于当代中国转型和流动人口研究的最重要文献。该书中译本名为《在中国城市中争取公民权》（浙江人民出版社，2009年）。

Beckett, Gulbahar H.; Postiglione, Gerard A. *China's assimilationist language policy: the impact on indigenous/minority literacy and social harmony*. London; New York: Routledge, 2012.

中国的语言同化政策：对原住民/少数民族文化以及社会和谐的影响

中国有庞大的少数民族群体，长期以来中国对少数民族实施的语言政策从包容逐渐发展到融合。如今同化已经成为中国少数民族语言政策的主流，特别是在教育体系中，少数民族语言日益被边缘化，取而代之的是汉语普通话的广泛应用。这种致力于消除隔阂、社会同化的努力正在给少数民族带来怎样的影响？本论文集通过具体的案例研究，对中国少数民族语言政策的影响进行了评估。

本书内容分三部分。第一部分是背景与历史回顾，收录《中国少数民族教育的语言政策》和《中华人民共和国少数民族语言政策与实践的历史回顾》两篇论文。第二部分是实证研究，收录《新疆维吾尔自治区少数民族教育的发展与双语教育的实践》《东乡族的双语教育》《中国双语教育——云南个案研究》等数篇论文。第三部分探讨理论、思想与法律问题，包括《从新自由主义观念到批判的可持续发展理论的中国语言政策研究》《中国的少数民族语言权利与教育》等论文。

Gulbahar H. Beckett，美国辛辛那提大学（University of Cincinnati）社会语言学副教授。

Gerard A. Postiglione（白杰瑞），香港大学教授、教育学院教育政策与社会科学系主任，厦门大学客座教授。

Berggruen, Nicolas; Gardels, Nathan. *Intelligent governance for the 21st century: a middle way between West and East.* Cambridge, UK; Malden, MA: Polity Press, 2012.

21 世纪的治国之道：东西方之间的中庸路线

自由民主曾经被认为是经过长期历史检验的最佳的治理国家方式，如今这个论断越来越遭到质疑。“消费主义民主”的执政理念使西方政客普遍缺乏耐心，政策出台治标不治本，政府负债累累，党派纷争不断。在危机频发的西方世界，民主必须重新证明自己的合理性。

与之形成对比的是，坚定、统一的中国领导集体正在大胆地带领自己的国家走向未来。但是中国也因为迅速崛起而面临巨大挑战。中国能够制定长期的政策计划，但并不总是能够顺应民意。不断扩大的中产阶层要求获得更多的参与权，要求政府更负责任、遏制腐败、完善法治。进入 21 世纪，代表全球秩序两种核心体系的东西方世界必须面对同一个现实，即在一个真正的多极化世界中，没有任何单一势力可以独霸一方。作者认为，东西方世界应该从彼此的最佳实践中汲取经验、取长补短，东方式的国家治理应加强灵活性，而西方式的国家治理则应向技术型转变。

Nicolas Berggruen，投资家和慈善家，创建了智库尼古拉斯·伯格鲁恩研究所（Nicolas Berggruen Institute）。

Nathan Gardels，《新观点季刊》（*New Perspectives Quarterly*）主编，尼古拉斯·伯格鲁恩研究所高级顾问，美国外交关系委员会成员。

Bislev, Ane; Thøgersen, Stig. *Organizing rural China, rural China organizing*. Lanham, Md.: Lexington Books, 2012.

中国农村组织化

20世纪80年代初，中国展开了世界上有史以来最大的社会实验之一——去集体化，这标志着中国农村社会关系的重大变化，私有化、市场化和地域流动性增强的同时，毛泽东时代建立的以集体生活为主要特征的农村经济和社会体系开始瓦解。本书关注的重点是进入21世纪后中国农村社会的重建，以及个体如何重新融入不同于传统意义的新型集体。

本书第一部分概述了中国农村的基本组织结构，揭示了国家和社会学家如何制定规划来应对农村社会组织匮乏的现实，探讨了规划执行中的难题。第二部分对农村生活几个关键方面的组织体系进行了个案研究，如寄宿学校、赋予自身新角色的家族组织、期待引领农业生产和帮助农村发展的龙头企业。本书大部分内容都建立在大量实地调查的基础上，包括对大量农村日常生活的记录与分析。

Ane Bislev，丹麦奥胡斯大学（University of Aarhus）博士后研究员。

Stig Thøgersen（曹诗弟），丹麦奥胡斯大学亚洲文化研究学院中国研究教授。其著作中译本有《文化县：从山东邹平的乡村学校看二十世纪的中国》（*A county of culture: twentieth-ceutury China seen from the village schools of Zouping, Shandong*，山东大学出版社，2005年），《在中国做田野调查》（*Doing fieldwork in China*，重庆大学出版社，2012年）。

Chen, Sheying; Powell, Jason L. *Aging in China: implications to social policy of a changing economic state*. New York; London: Springer, 2012.

中国的老龄化：经济转型国家的社会政策启示

中国的老年人口数量正在以全球领先的速度增长，而供养他们的年轻人却在日趋减少。中国的老龄化发展形势表明，在独生子女政策实施几十年后，国家总体性的老龄政策需要辅以更多的有效实施措施。

本书从概念、理论和经验角度观察中国复杂的社会政策图景，主要就下列议题进行了分析阐述：老年人收入保障政策的发展；社会政策、家庭供养和农村老年人保健；中国老年人身心健康的东西方解释；家庭养老及其对护理者精神健康的影响；中国非营利组织及养老院的发展。作为一个国别研究和比较研究的核心议题，本书面对的读者群体包括老年医学研究者、社会学家、跨文化及心理健康研究人员，以及公共健康政策制定者。

Sheying Chen（陈社英），美国纽约佩斯大学（Pace University）学术副校长，终身教授。专注于老龄化、社会保健和福利改革研究，并将社会工作教育引入中国。

Jason L. Powell，英国利物浦大学（University of Liverpool）健康与生命科学系名誉研究员，澳大利亚—亚洲研究与教育基金会（Australia-Asia Research and Education Foundation）名誉教授。

Cooney, Sean; Biddulph, Sarah; Zhu, Ying. *Law and fair work in China*. Abingdon, Oxon; New York: Routledge, 2012.

中国劳动法制建设

经济改革给中国带来了重要的国际影响力，也带来了普遍的国内繁荣，同时也导致了意义深远的社会巨变，特别表现在劳动关系方面。每年在中国都会发生几千起劳动纠纷，其中不少带有暴力性质。对此，中国政府已经开始在法律和政治战略上做出反应。本书考察了中国政府是如何运用法律和行政规章来管理劳动环境、减少劳动纠纷的。书中追溯了从新中国建国至今的中国劳动法律体系建立和演变的过程，分析了中国劳动法律体系的结构，在中西方相关学术成果的基础上对中国劳动法律的独特性提出了新的见解，指出了中国劳动法律的革新与停滞，探讨了中国政府为保证劳动法的实施而采取的措施，以及企业、劳动者和各类组织的反应。

本书的主要内容包括：1912 年至 1978 年中国的劳动法律：创造和破坏；又一个开端：劳动市场和法律制度的重塑（1978 年至 1994 年）；1994 年的《劳动法》：建构现代中国的劳动规章；《劳动法》之后：从 1994 年至 2007 年的危机；2007 年的《劳动合同法》：修订劳动合同，维护劳动标准；改革生效：2007 年以来的纠纷处理、劳动监察和企业行为；结论：关于中国《劳动法》的八点观察。

Sean Cooney，澳大利亚墨尔本大学（University of Melbourne）法学院副教授。

Sarah Biddulph，澳大利亚墨尔本大学法学院副教授。

Zhu Ying，南澳大利亚大学（University of South Australia）商学院国际研究生院亚洲商业中心主任、教授。

Dallmayr, Fred; Zhao Tingyang. *Contemporary Chinese political thought: debates and perspectives.* Lexington, Ky.: University Press of Kentucky, 2012.

当代中国政治思想：争论与展望

在过去的20多年时间里，中国已经逐渐摆脱了近一个世纪以来内忧外患的困扰，成为全球经济、科技和政治的焦点。西方人普遍认为，中国作为一个主要的经济体已经崛起，并且还将在未来保持这种发展势头，但是对于中国的政治体制走向，他们却没有那么确定。中国走向自由市场资本主义的脚步曾经让外界期待中国会选择类似于西方的政治体制，西方人站在自己的意识形态角度看中国，使他们无法理解中国的政策和目标。本书编者试图对当代中国政治思想差异进行一个全面的介绍，并为读者提供一个深入研究某些理论争议的机会。

全书分三部分，汇集了13篇中国顶尖知识分子的文章。第一部分的文章主要关注当代中国思想史和中国的政治哲学与国际关系；第二、三部分则分别探讨了儒家政治理论和新左派政治理论。作者们采用了非常规的分析框架，用编者的话说就是“脱掉了意识形态的紧身衣”，此亦成为本书的最大特色。

Fred R. Dallmayr，美国圣母大学（University of Notre Dame，简称UND）政治学退休教授。

Zhao Tingyang（赵汀阳），中国社会科学院哲学研究所研究员。

Fetzer, Joel S.; Soper, J. Christopher. *Confucianism, democratization, and human rights in Taiwan*. Lanham, Md.: Lexington Books, 2012.

台湾社会的儒家思想、民主化与人权

本书试图回应有关“亚洲价值”如何兼容儒家思想与自由民主思想的争论，涉及台湾的妇女保护、原住民保护和新闻自由等方面，针对儒家思想对民主化的贡献进行了严密系统的调查论证。作者立足民意调查和台湾重要政治人物访谈，立法机构辩论记录和公立学校教科书等文献资料分析，阐述了儒家思想在台湾近代政治史中作用的变化。

作者认为，不论是在大众层面还是精英层面，目前儒家思想仍然是台湾最有影响力的意识形态。作者借鉴了马克思·韦伯的宗教社会学思想，提出了一种独特的理论观点，即儒家思想在适应现代化的同时也坚持了自己的核心理念。与那些认为儒家思想是固有的威权主义思想的人不同，本书作者认为应该从多种角度对儒家思想加以阐释，包括使政府的民主形式合法化。虽然是区域研究，本书对既有儒家思想传统，且尚未实现民主的彻底转型的国家和地区都有一定的借鉴意义。

Joel S. Fetzer，美国佩珀代因大学（Pepperdine University）政治学教授。
J. Christopher Soper，美国佩珀代因大学政治学特聘教授。

Florini, Ann; Lai, Hairong; Tan, Yeling. *China experiments: from local innovations to national reform*. Washington, D. C.: Brookings Institution Press, 2012.

中国治理试验：从地方创新到国家改革

所有的社会都面临一个关键问题：如何使政府既能充分履行其职能，又能够避免权力的滥用。在这两者之间保持平衡绝非易事，对于今日的中国尤其如此。不同于其他以中央层级的政府机构为关注点的著作，本书将着眼点放在了乡镇一级政府，针对大量地方层级的治理创新试验进行了实证研究。作者调查了许多中国县、乡级政府对不同治理方式的尝试和探索，阐述了地方政府如何打破传统的治理模式，以应对中国经济和社会发展带来的挑战。作者还对中国国家与社会之间不断变化的关系进行了考察，并分析了地方治理创新对中国未来政治发展轨迹的影响。

全书共分为六章。第一章概述了中国政治、经济和社会结构发生的重大变化，论述了中国政府为改善地方治理状况所进行的各类试验及其背后的动机。第二到五章分别用具体案例阐述了中国治理创新的四个方面：行政审批制度改革，各级领导人的选举机制改革，公民社会的出现和发展，以及政府工作透明度的提高。书中指出这些地方治理试验的重要性及其影响。在最后一章中，作者分析了数量不断增长的地方治理试验对中国的意义，并提出了一系列评估中国未来政治发展轨迹的标准。

Ann Florini，美国布鲁金斯学会（Brookings Institution）外交政策高级研究员。

Lai Hairong（赖海榕），研究员，中共中央编译局马列主义文献信息部副主任、海外理论信息研究中心执行主任、马克思主义文献典藏研究中心副主任。

Tan Yeling，美国哈佛大学（Harvard University）肯尼迪政府学院公共政策博士研究生。

Griffiths, Michael B. *Consumers and individuals in China: standing out, fitting in.* New York: Routledge, 2012.

中国的消费者与个体：凸显与融入

本书为中国城市社会研究开拓了新领域，作者将批判性论述和分析应用于从鞍山——一个中国东北部的三线城市和消费市场——收集来的人类学数据，数据提供者包括当地倡导消费的年轻人、农民企业家、退休党员干部、知识分子、外来务工者、个体户以及白领职员。

在鞍山的六年间，作者走进中国消费者的日常生活，探寻他们的社交活动，感受他们渴望被认可并获得社会地位的心情和强烈的消费欲望，观察他们如何接受各种涉及学识、礼仪、社交能力、道德以及自身修养的文化规范，并使之成为自己的道德准则。本书以全新的方式来看待中国的社会现实问题，质疑了目前仍大行其道的观点，即中国的消费者并不是“真实的个体”，回应了针对中国的某些成见。

Michael B. Griffiths（麦博），奥美集团大中华区（Ogilvy & Mather, Greater China）社会人类学总监，英国利兹大学（University of Leeds）白玫瑰东亚研究中心（White Rose East Asia Centre）副研究员。

Hsiung, James C. *China into its second rise: myths, puzzles, paradoxes, and challenge to theory*. Singapore; Hackensack, N. J.: World Scientific, 2012.

再次崛起的中国：神话、困惑、悖论和理论挑战

一直以来，中外学术界和各路媒体对如何阐释"中国模式"一词莫衷一是，本书对此问题进行了较为全面的探讨。本书将中国的发展与西方国家和日本相比较，通过综合分析中国政治、社会经济与对外关系（从丝绸之路、朝贡体制到当今社会）的发展来解读中国的再次崛起，同时质疑了用西方政治理论（比如国际关系中的现实主义）来诠释中国崛起的做法。

作者对于中国崛起的探讨不仅局限在政治和经济制度层面，对于挑战了固有政治经济思维的中国发展模式，作者还力图追溯其历史和文化根源，并为此重新解读了中国的第一次崛起（713—1820 年）。最终，通过审视中国的发展历程，作者解答了这样一个问题：中国崛起是否威胁了现有的世界秩序？本书采用交叉学科的分析方法，从文化、思想史、规范意识形态、社会科学等多重视角，呈现出今日中国的面貌，并为研究中国的第二次崛起提供了丰富的历史背景。

James C. Hsiung（熊玠），美国纽约大学（New York University）政治系终身教授。

Jeffreys, Elaine. *Prostitution scandals in China: policing, media and society*. New York: Routledge, 2012.

中国的性交易问题：管制、媒体与社会

本书分析了当下中国见诸媒体的性交易事件相关报道，指出由性交易问题引发的广泛讨论已经扩展到影响中国百姓生活的社会、法律和政治等诸多议题。本书探讨了公众话语对性侵害、人权、腐败、青少年保护、警察滥用权力以及公共卫生等诸多问题产生的影响，剖析了中国政府治理性交易的措施，同时也揭示了在快速变革的中国社会和经济环境下人们对性问题的态度的变化，以及当下中国百姓对公民合法权益的诉求。作者指出，今天的中国社会已经具有以法律为依据的公民权益的概念，以及由于国家工作人员采取非法律手段而受到的伤害和损失可以诉诸法律申请赔偿的权利意识。

Elaine Jeffreys，澳大利亚悉尼科技大学（University of Technology, Sydney）中国研究副教授。

Lai, Pak-sang; Byram, Michael. *Re-shaping education for citizenship: democratic national citizenship in Hong Kong*. Newcastle upon Tyne: Cambridge Scholars Pub., 2012.

重塑公民教育：香港的民主国家公民身份

以单一状态国家为前提的现代主义正在遭受质疑并在多元状态国家概念下重构，教育在国家建构过程中的角色变得日趋重要。以前教育的功能是同化、促进社会同质性，今天教育要面对的则是多元化和多样性。本书探索了在这种新形势下香港学校教育的发展历程，审视了一国两制政策下国家认同观念的发展，探讨了教育体制多样性问题。本书的分析表明，香港教育体系中的公民教育更多的是一种本土导向的文化和政治进程，而非国家意识形态的传播。香港学生们通过学校内外的人际交往来学习并形成他们自己的价值观、态度和观点，他们关于自由民主的国家认同与中国大陆的“泛国家民族主义”是不同的。本书既是一项有关香港的个案研究，也是对当今世界的教育、公民身份与国家认同之间的关系变化的分析。

Lai Pak-sang（赖柏生），香港教育领域公共政策顾问。

Michael Byram，英国杜伦大学（Durham University）荣休教授，劳特利奇百科全书（Routledge Encyclopedia）语言教学部分的编者，长期专注于语言教育与跨文化研究。

Lemos, Gerard. *The end of the Chinese dream: why Chinese people fear the future.* New Haven: Yale University Press, 2012.

中国梦的终结：为什么中国人害怕未来

作为一名客座教授，作者曾在重庆这座大型工业城市生活了几年。2007 年，在得到政府许可的情况下，作者制作了几个类似于“许愿树”的布告板，让重庆市民把写有心愿的字条系在上面。在阅读了几百个心愿之后，作者感受到中国百姓内心的焦虑和对安全感的渴求。中国百姓不仅被普遍的社会问题所困扰，还因目睹祖辈生活的家园以及延续的历史传统不断被破坏而经受着精神上的焦虑。身体上的饥饿感减轻的同时，精神上的饥饿感又攫住了中国人。

书中的百姓故事让人们看到了一个分裂的社会，生活在其中的人们感到困扰、愤怒、悲伤，而且时常对所处的生活环境感到恐惧。作者在中国的调研超越了以往外国人涉足的领域，从教育到医疗，从失业到养老，从政治到财富积累。作者指出，中国面临的社会问题对构建一个和谐繁荣的国家目标来说是巨大挑战，领导层只有真正为民服务才可能实现中国百姓的梦想。

Gerard Lemos，社会政策专家，曾任英国文化协会（British Council）董事会主席。

Li, Peilin; Roulleau-Berger, Laurence. *China's internal and international migration*. New York: Routledge, 2012.

中国的国内和国际移民

中国经济增长的后果之一就是国内和国际移民剧增。农民工从乡村流向城市，中国人从国内流向世界各地，他们把打工挣到的钱寄回家里，此举对中国经济影响重大。此外，从国外向中国迁移的人也在不断增加，特别是近年来大量涌现的非洲移民。本书的各篇论文建基于大量原创性研究，探讨了与中国人口迁移相关的广泛议题。

全书分四部分。第一部分，不平等与移民。论文包括危机下的中国流动务工人员的工作状况和社会态度；制度与非制度路径：中国流动与非流动务工人员获得社会经济地位的不同进程；打工汇款对农村扶贫和农村家庭生活支出的影响等。第二部分，社会排斥与社会融合。论文包括城市养老保险制度对农民工生计的影响；西藏自治区三个城市的临时工流动；中国城市里外来务工人员子女生活满意度调查等。第三部分，中国的国际移民与社会资本。论文包括中国广州的黑非洲移民的社会关系与社会互动；新跨国城市空间的形成：广州的非洲飞地；广州应对中国高等教育的国际化：以北大为例等。第四部分，国外和跨国空间的中国移民。论文包括葡萄牙劳动力市场上的中国和巴西企业家：共同的企业战略；绘制中非之间的新移民图景：理论与方法的挑战；欧洲新移民：从比较的角度看意大利的中国人；中国和欧洲的人口迁移、多元经济和新的社会阶层等。

Li Peilin（李培林），中国社会科学院社会学研究所所长、研究员、博士生导师。

Laurence Roulleau-Berger，法国国家科学研究中心（Centre National de la Recherche Scientifique）研究室主任。

Loyalka, Michelle Dammon. *Eating bitterness: stories from the front lines of China's great urban migration.* Berkeley: University of California Press, 2012.

吃苦：关于中国大规模城市移民的一线报道

在中国，每年有两亿多农民涌向大城市成为农民工，为城市的高速发展提供了大量廉价劳动力。本书作者在中国生活了十几年，为了了解农民工的生活，追踪调查了八个生活在西安的农民工家庭，包括菜贩子、磨刀工、收废品的小贩以及贫困的母亲，将他们的喜怒哀乐写入了本书中。

通过这些普通农民工的生活，作者展示了中国经济转型时期底层人物经历的各种牺牲和苦痛，他们具有中国人能吃苦、锐意进取的特质，在受剥削的同时也为自己创造生活的乐趣，有人甚至能赚到足够的钱助力家乡建设。本书打破了农民工的固有形象，从一个侧面指明了当其他国家深陷金融危机之时中国何以能继续发展前进的原因。作者同时也指出，解决底层人群的生活困境将是中国政府面临的最重要的挑战。

Michelle Dammon Loyalka（戴梦），美国自由撰稿人，编辑。在中国生活居住多年。

Miller, Tom. *China's urban billion: the story behind the biggest migration in human history*. Zed Books, 2012.

中国十亿城市大军：人类史上最大规模移居背后的故事

在过去的30年里，中国的城市人口增长了5亿，不出意外的话，到2030年还会再增加3亿，届时中国的城市人口将超过10亿，占世界人口的八分之一。大部分新增城市居民来自农村，他们中的大部分人在城市里过着“二等公民”的生活，无法充分享受城市居民的各种福利。即便是那些住在高楼大厦里的幸运的市民们，生活也未尽如人意，他们不得不忍受拥堵的交通、污染的空气和丑陋的城市景观。中国城市的飞速扩张令人吃惊，若没有合理的配套政策，城市的健康发展将无法保证。在对大量一手报道和最新研究资料进行分析的基础上，本书解释了为什么中国未能成功获取城市化带来的经济和社会效益，并为解决这一问题提出了建议。作者认为，如果处理好城市化问题，中国将超越美国成为并巩固其作为世界最大经济体的地位；反之，一旦决策失误，中国将在下一个20年落入中等收入陷阱，中国的城市将因为庞大的贫民区而满目疮痍。

Tom Miller，英国《中国经济季刊》（*China Economic Quarterly*）总编辑，曾任《南华早报》（*South China Morning Post*）驻京记者。已在中国生活十余年，现居北京。

Pai, Hsiao-Hung. *Scattered sand: the story of China's rural migrants.* London; Brooklyn, NY: Verso, 2012.

散沙：中国农民工的故事

中国每年有两亿农民从农村涌向城市找工作，这支劳动大军创造了中国一半的GDP，但他们在社会中却是弱势群体，是没有组织的“散沙”。作者用两年时间遍访中国，从北京奥运会建设工地，到黄河流域的煤矿砖窑，再到珠江三角洲地区的工厂，她目睹了受艾滋病折磨的家庭，记录了工人与厂主的冲突，亲历了四川震后重建，还找到了自己失散多年的亲人。

作者笔下的中国农民工是被遗忘在中国巨大社会和经济进步背后的人们，是为了国家荣誉而牺牲自我的人们。在当今许多人赞颂人口流动既促进了经济发展，又创造了改变个体命运的机会，还有利于减少种族主义和性别偏见的时候，本书作者关注的却是“无根无产阶级的永恒之旅”和小人物们真实的生活。

Pai Hsiao-Hung（白晓红），自由撰稿记者，现居伦敦。长期关注英国非法劳工课题。

Pursiainen, Christer. *At the crossroads of post-communist modernisation: Russia and China in comparative perspective.* Houndmills, Basingstoke, Hampshire; New York: Palgrave Macmillan, 2012.

后共产主义现代化的十字路口：俄罗斯与中国的比较研究

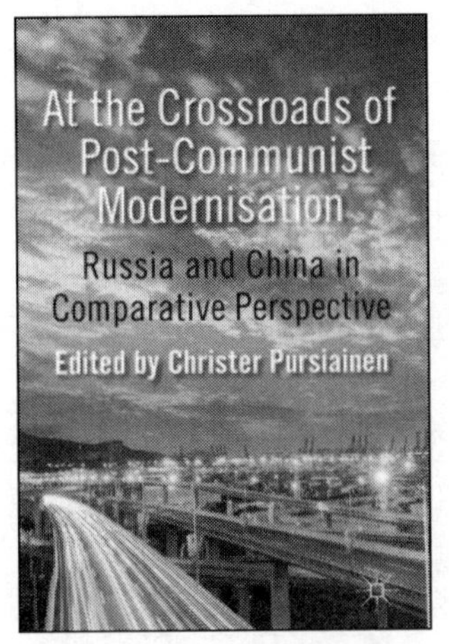

今日俄罗斯和中国已经凭他们自身的实力，成为世界的重要力量。他们并没有仿效西方自由民主的现代化先例，而是选择了适合自己的威权资本主义现代化道路。但两国并没有遵循同一种模式，而是走了两种不同的发展道路。

本书内容基于来自中国、芬兰、俄罗斯和美国的六位学者组成的研究团队自 2008 年 3 月以来的研究成果，用比较研究的方法，解读了俄罗斯和中国在后共产主义时代的发展趋势，从政治学、社会学和国际关系等视角，分析了中俄两国社会变革的三大领域：社会经济体系、政治体系和外交政策。为什么两国的战略选择有如此差异？彼此之间又有哪些关联？那些决定性的选择是在何种境况下制定出来的？两国还有哪些尚在酝酿的战略选择和备选方案？两国面临怎样的制约政策选择的内外环境？这些都是本书试图解答的问题。

Christer Pursiainen，芬兰赫尔辛基大学（University of Helsinki）国际关系专业讲师，波罗的海国家理事会（Council of the Baltic Sea States）高级顾问。

Read, Benjamin L. *Roots of the state: neighborhood organization and social networks in Beijing and Taipei.* Stanford, California: Stanford University Press, 2012.

国家的根基：北京和台北的邻里组织与社会网络

大多数有关地方组织的社会科学研究往往聚焦在独立于国家控制之外的民间社团和志愿者组织，那些由政府扶植的社团组织往往被冠以集权主义标签，如“人民团体”或者国家统合主义的代表等等。本书研究了北京和台北的邻里组织，作者认为它们是介于上述组织概念之间的一种独特形式，将其作为一种“基层管理协议”（administrative grassroots engagement）模式加以研究。国家扶植大部分各层级的地方性邻里组织网络，这些组织网络通过与社会成员建立起的人际关系来帮助政府进行管理和监督。邻里组织的领导者充当了国家指定的联络人的角色，履行广泛的行政管理职责，从社会福利到政治监督。邻里组织既可以是一种监控社会的集权制度，也可以是一种放权给社会的管理制度。

Benjamin L. Read，美国加州大学圣克鲁斯分校（University of California, Santa Cruz）政治系助教。

Schubert, Gunter; Ahlers, Anna L. *Participation and empowerment at the grassroots: Chinese village elections in perspective.* Lanham, Md.: Lexington Books, 2012.

基层参与和赋权：中国乡村选举透视

乡村选举对中国民主发展的深远意义是难以估量的。本书汇集了有关中国乡村选举及其对中国政治制度的影响的学术讨论，对过去15年来出版的研究中国乡村选举的文献进行了评估。在2002到2005年之间，作者对江西和吉林省的两个县的六个村庄以及深圳的一个区进行了田野调查，与村民和地方官员进行了140余次的深度访谈。

基于上述高水准的文献综述和实地调查，本书超越了以往研究中对中国民主化问题的主观臆想，对中国乡村选举进行了全面阐述，对选举中发生的切实问题进行了客观探讨，阐释了基层参政议政与干部问责之间的关系，展示了基层民主是如何运作的，以及其中的细致微妙之处，从而揭示了当代中国一党制得以延续的诸多因素。

Gunter Schubert（舒耕德），德国图宾根大学（Eberhard-Karls-Universität Tübingen）教授，欧洲当代台湾研究中心创始人、主任；“大中华区研究”项目主持人。

Anna L. Ahlers，德国图宾根大学中国研究部研究员。

Shah, Angilee; Wasserstrom, Jeffrey. *Chinese characters: profiles of fast-changing lives in a fast-changing land.* Berkeley: University of California Press, 2012.

中国人群像：生活在瞬息万变的土地上的人们

尽管中国正处在世界瞩目的焦点，但在中国外部却少有人观察这个国家内部存在的多种多样的生活方式。这本文集将人们对中国的关注从其在世界秩序中的位置转移到在这片土地上正在发生什么。本书作者是一些受人尊敬的记者和学者，他们反对充斥于影视作品和网络中的那些关于中国的陈词滥调，挑战关于中国的简单化认识。

本书内容由短小的传记体章节组成，读者可以在书中接触到为旅游市场复制中国古典画的艺术家，在西安市垃圾场以废物回收为生的外来移民，道教神秘主义者，想在租车业挣大钱的企业主，将要失去住房的老妇人，改革派法律学者……对中国人个体生活方式的描述消解了某些长期存在的认知误区，作者们用普通中国人平凡的生活故事描绘出这个正在经历非凡转型的国家的多重面貌。

Angilee Shah，自由记者。

Jeffrey Wasserstrom（华志坚），美国加州大学欧文分校（University of California, Irvine）历史系教授。

Sutherland, Dylan; Hsu, Jennifer Y. J. *HIV/AIDS in China: the economic and social determinants. Milton Park, Abingdon, Oxon*; New York: Routledge, 2012.

艾滋病在中国：经济和社会因素

作者认为，南亚和东亚很可能成为全球艾滋病流行的重灾区。据估计，中国目前的艾滋病病人和病毒携带者超过75万人。尽管中国近年来在经济和社会发展方面都取得了进步，但一系列发展问题也随之浮现出来，艾滋病的蔓延正是其中之一。本书分析了当前中国艾滋病流行的状况，特别关注经济与社会变革的本质及其对传染病发展的驱动作用，逐一考察了性别差异与收入不平等、城乡人口迁移、性工作者、卫生政策、医疗改革和非盈利性社会组织对中国艾滋病发展形势的影响。

Dylan Sutherland，英国杜伦大学（Durham University）商学院讲师。

Jennifer Y. J. Hsu，加拿大阿尔伯塔大学（University of Alberta）政治系助教。

Wang, Gungwu. *Renewal and Revolution*: *The Chinese State in the Global Age.* [Hong Kong]: The Chinese University Press, 2012.

复兴与革命：全球化时代的中国

自清末维新派与激进革命派首次试图重新定义“中国”之后，这一激辩主题延续至今。1912年辛亥革命后，“帝国”意识让位于“民族国家”，中国人开始寻求一种现代身份，希望重新设计国家治理体系和重新书写历史。新的国家领导者很快发现，仅仅协调继承下来的共和体制与政治文化是极其困难的，他们意识到中国既不是一个帝国，也不是一个民族国家。于是，他们试图通过将中国传统中最好的部分与西方工业文明和科学技术相融合来复兴中国。此外，中国国家形象的塑造还取决于它与邻国的关系，中国处理社会正义这一全球性议题的方式，中国政府对人民各种文化与身份认同的态度，以及指引国家建构的深刻历史使命感。本书探讨了中国人对中国在世界中的位置的认识，以及将中国推到这一位置的独特因素，也描述了中国人不得不面对的革新带来的阵痛。

Wang Gungwu（王赓武），新加坡国立大学特级教授、东亚研究所主席、李光耀公共政策学院主席，在中国史、海外华人史、南亚史、东南亚区域研究、民族国家建构和全球史等研究领域成就斐然。

Wang, Zheng. *Never forget national humiliation: historical memory in Chinese politics and foreign relations.* New York: Columbia University Press, 2012.

铭记国耻：中国政治与外交关系中的历史记忆

在“六四”事件后，中国共产党为什么重新赢得许多中国人的支持并且不断发展壮大？为何中国对美、日外交政策日趋强硬，而与较小国家发生冲突时却倾向于达成和解？在中国公众接受的意识形态教育中，中国一直被描述为承受帝国主义列强百年欺凌的屈辱的受害者，作者认为这正是解答上述问题的关键。

在走访小学和纪念景点，阅读中国历史教科书后，围绕当下中国历史的讲述方式与传授内容，作者揭示了即将在21世纪引领中国的爱国青年们的所思所想。作者认为中国的崛起不能仅从单一角度，例如经济或军事的发展来解读，而应该结合国家认同和本土语境综合考虑。历史记忆是解读中国人内心世界的线索，是构建国家认同的原始素材。历史教育被用来赞美党、证明其合法性，巩固国家认同，同时也影响和指导着国家的政治话语和外交政策。

Wang Zheng（汪铮），美国西东大学（Seton Hall University）外交与国际关系学院副教授，伍德罗·威尔逊国际学者中心（Woodrow Wilson International Center for Scholars）公共政策研究员。

Watson, Peggy. *Health care reform and globalisation: the US, China and Europe in comparative perspective*. London; New York: Routledge, 2012.

医疗改革与全球化：美国、中国和欧洲的比较研究

在后冷战，也即后经济危机时期，医疗问题已经成为一个与政治、经济乃至个人生活息息相关的重要问题。在美国，“奥巴马医改法案”通过后依然纷争不断；在英国和欧洲的一些后共产主义国家，医疗改革也引来了争议和抗议；而在中国和俄罗斯，医疗改革则成为市场化改革减速的原因之一。

本书编者选取了九篇覆盖医疗改革多层面和多角度问题的研究论文，它们在各自独立的研究框架下，对新自由主义政策理念如何以不同方式塑造了美国、中国和欧洲这三大国家和地区各具特色的医疗政策进行了详细的论述，分析了它们在过去20年中的根本性变化，也探讨了有关医疗改革的一些普遍性话题，例如医疗保障和公共卫生管理的市场化、个人化、分散化及其影响。书中贯穿各章节的潜在主题是如何使人们得到医疗保障，以及这一过程如何受到道德经济（moral economies）、现有条件以及政治经济权力的影响。书中还反映了医疗改革实践中不同角色，比如病人、医疗机构人士以及政治家的观点与经验。

Peggy Watson，英国剑桥大学哈默顿学院（Homerton College, University of Cambridge）高级研究员。

Webber, Michael John. *Making capitalism in rural China*. Cheltenham: Edward Elgar, 2012.

中国农村资本主义发展

本书发掘了中国发展过程中表现出的两面性。从积极的一面来看，中国的发展使中国人均寿命延长，婴幼儿死亡率降低，使人们免于饥荒和战争等天灾人祸，生活更健康、舒适、安全，并获得更多受教育的机会。但是从消极的一面来看，中国的发展对于不能适应新事物的人来说是一种强烈冲击。对中国社会原有的权力结构的破坏，改变了人与人交往的方式，威胁到中国人的既有知识、传统风俗和社会制度。

作者在15年时间里，每年用一两个月的时间在中国农村进行大范围的调研，在被选中作为案例的乡村，作者不仅对村干部进行采访，还自由选择（而非村干部指派）20到40位村民进行访谈。此外，大量非正式的交谈也被当做访谈的补充素材。通过上述调查研究，作者分析了发展对于中国农村弱势群体的涵义，对发展给中国农村带来的双重影响进行了解读，并试图辨析这种发展变化是否意味着资本主义和社会转型的出现，从而进一步追问中国式资本主义的确切本质到底是什么。

Michael Webber，澳大利亚社会科学院（Academy of Social Science in Australia，简称ASSA）院士，墨尔本大学（University of Melbourne）资源管理和地理学学院教授。

Wheeler, Norton. *The role of American NGOs in China's modernization: invited influence.* Abingdon, Oxon; New York: Routledge, 2012.

美国非政府组织在中国现代化建设中的角色

在冷战即将结束之际，美国和中国开始了谨慎的文化、教育和政治交流，随后又相应加强了安全与经济联系，中美关系已逐渐成为全球最重要的双边关系。

本书以三个位居前沿的推动中美民间交流的美国非政府组织为例，从根源、活动、角色和影响等层面深度挖掘了非政府组织在中美关系中的作用。这三家机构分别是霍普金斯—南京大学中美研究中心（Hopkins - Nanjing Center for Chinese and American Studies），美中关系全国委员会（National Committee on United States - China Relations），和1990研究所（The 1990 Institute）。基于广泛的档案资料分析，以及与从事中美文化交流工作的人士的访谈，作者揭示了美国非政府组织在教育、环境、财政政策和公民社会建设领域对当代中国产生的影响；介绍了非政府组织在补充官方外交工作和呈现中美不同社会关系模式中的作用，这一作用超越了围绕文化帝国主义展开的既有争论。此外，作者还特别介绍了美籍华人在中美交流中日益重要的桥梁作用。

Norton Wheeler，美国南密苏里州立大学（Missouri Southern State University）美国和亚洲历史专业助教。

Xin, Xin. *How the market is changing China's news: the case of Xinhua News Agency*. Lanham: Lexington Books, 2012.

市场如何改变中国媒体：以新华社为例

本书由作者的博士论文改编而成，是第一部研究新华社的英文学术专著，也是一部有关当代中国媒体和政治环境的指南。作者在书中详细叙述了新华社的历史及其与中央、地方和国际社会的互动，探讨了中国共产党新闻工作的历史渊源，对涉及中国研究、媒体与通讯研究的全球化理论进行了评论。改革开放之后，新华社无论是在组织结构层面还是在业务操作层面都经历了很大转变，作者对此做出了中肯评价，解答了诸如新华社的市场化程度有多高、市场化进程在多大程度上改变了新华社的业务操作方式、新华社能够为中国媒体转型提供怎样的经验等问题，并以新华社为例，分析了30多年来市场化和全球化对中国媒体的影响。

Xin Xin（辛欣），英国威斯敏斯特大学中国传媒中心（China Media Center, University of Westminster）研究员，曾任新华社记者多年。

Xing, Jun; Ng, Pak-sheung; Cheng, Chunyan. *General education and the development of global citizenship in Hong Kong, Taiwan and mainland China: not merely icing on the cake.* Milton Park, Abingdon, Oxon; New York: Routledge, 2012.

香港、台湾和中国大陆的通识教育与全球公民意识发展：不只是蛋糕上的糖衣

对于大学生们来说，全球化在给他们带来新的机遇的同时，也带来一些挑战。当大学生们结束学业步入真实社会时，在自身专业知识的基础上，他们还要具备一定的文化敏感性和社会技能，才能够在全球性竞争中取胜。对于高等教育机构来说，一些紧迫的全球问题对传统学科提出了挑战，也引发了对新的学习模式的需求，这些挑战和需求重新界定了知识的界限。正是为了应对全球化带来的快速变化，通识教育在大学教育中逐渐发挥出越来越重要的作用。近年来，通识教育在中国（包括中国大陆、香港和台湾地区）有了一些重要的发展，也越来越受到人们的重视。作为这一研究领域的首部英文著作，本书汇集了来自香港、台湾和中国大陆的通识教育研究者和教师的文章，并按四个主题进行了分类，它们是：通识教育的概念和目标，通识教育的课程设置，通识教育的教学方法，通识教育的评估策略。

Xing Jun，香港理工大学（Hong Kong Polytechnic University）通识教育中心教授。

Ng Pak-sheung，香港理工大学讲师。

Cheng Chunyan，任教于北京语言大学。

Yaghmaian, Behzad. *The accidental capitalist: a people's story of the new China*. London: Pluto Press, 2012.

空降的资本主义：新中国的百姓故事

过去30年，中国经历了人类历史上最大规模的人口流动。千百万人背井离乡到大城市寻找工作和新的发展机会。通过与农民工和工厂主数月面对面的接触交流，作者勾勒出一个由于急速发展而躁动不安的国家面貌；通过近距离的倾听，作者在书中展现了“经济巨龙”背后的百姓们的希望、艰辛、收获和不幸经历，展现了中国崛起背后的个体处境。作者抛开数据罗列，以充满希望或令人心酸的故事使人产生共鸣。

Behzad Yaghmaian，美国新泽西州拉马波学院（Ramapo College of New Jersey）政治经济学教授。他生于伊朗，曾在伊朗和土耳其任教。

Bideau, Florence Graezer. *La danse du yangge: culture et politique dans la Chine du XXe siècle*. Paris: La Découverte, 2012.

秧歌：二十世纪的中国文化与政治

夜幕降临，人们纷纷走出家门聚拢在大街小巷一起跳舞，专注、嘈杂又充满活力。对他们来说，这是一种消遣，一种锻炼，也是一种惬意的生活方式。基于对陕西省和北京市的多个社区进行的长期观察和调研，本书为读者展现了大多数中国人的社会和文化生活，以及从1919年的“五四”运动到2010年的上海世博会，在近100年时间的跨度之内，中国文化领域多种多样的表达方式。

文化政策是否是中国的执政要素之一？作者在自身工作中经常综合运用汉学、历史学、政治学和社会学研究方法，并从中获得启发，从秧歌这一独具中国特色的文化表达方式入手，用人类学方法来研究文化与政治之间的关系。本书以深入的田野调查为基础，阐释了秧歌如何成为毛泽东时代文化政策的宣传工具和文化建设的基石，如今又是怎样服务于寻求执政合法性的中国共产党提倡的社会精神文明建设。

Florence Graezer Bideau，人类学家，汉学家。瑞士洛桑联邦理工学院（l'Ecole polytechnique fédérale de Lausanne）地区与文化研究中心教师、副主任。

Buchalet, Jean-Luc; Sabatier, Pierre. *La Chine, une bombe à retardement: bulle économique, déséquilibres sociaux, menace environnementale: la fin d'un système?* Paris: Eyrolles, impr., 2012.

中国是一颗定时炸弹——经济泡沫、社会失衡、环境威胁：一个体系的终结？

中国的成功不但前所未有，而且迅如闪电。按照现在的发展速度，中国有可能在2022年成为世界第一经济体。然而，揠苗助长式的发展方式也不可避免地累积了诸多问题：房地产开发“鬼城”，连串的企业破产，实行多年的独生子女政策带来的负面效果显现，频发的食品安全丑闻，因空气污染而瘫痪的机场等等。通过对上述问题的深入分析，作者认为，中国的经济、社会和环境的不平衡发展可能会在未来引发亚洲和全球经济危机。至于造成问题的原因，作者认为症结在于政治制度、贪污腐败、价格调控、五年计划和过度竞争等诸多方面，作者将其统一定义为“市场社会主义”。在问题和成因的分析之后，本书抛出的问题是，种种危机只是发展的过渡，还是会导致发展的终结？

Jean-Luc Buchalet 和 Pierre Sabatier，均毕业于法国国立农学院，智库 Cercle Turgot 成员。2009年两人共同创立了经济和金融独立研究室 PrimeView，并合著了数部作品。Jean-Luc Buchalet 在2012年还出版了 *Chine, la face cachée* (Editea, impr., 2012) 一书。

Maisonneuve, Eric de La. *Chine: l'envers et l'endroit*. Paris: Editions du Rocher, 2012.

中国：一体两面

中国具有两面性，就像中国的阴阳说。本书作者努力以中立、客观的态度来描写中国，以期在最大程度上呈现真实的中国。作者多次访问中国各地，在与各界人士接触过程中思考中国的发展方向和需要解决的问题。在书中作者肯定了中国在国际舞台和世界经济中扮演的重要作用。同时也对中国在发展中亟待解决的问题进行了深入探究，其中包括转变经济发展模式，教育和医疗改革，社会保障体系建设等。作者认为，依然庞大的贫困人口，过时的教育和健康体系，房地产泡沫，不确定的政治转型以及屡禁不止的腐败是"十八大"之后新的领导集体必须面对的难题，也因此，对世界来说中国并非所谓的威胁，而是一个挑战：对中国自身如是，对应当学会分享领导权的西方如是，对应当接纳中国并帮助她最终摆脱千年与世隔离的世界而言亦如是。中国崛起已成事实，西方需要与中国合作，共建世界新秩序。

本书获法国预备役军官及预备役军人组织国家联合会（Union nationale des officiers de réserve et des organisations de réservistes，简称 UNOR）2012 年雷蒙·普恩加莱文学奖。该奖项创办于 1950 年，旨在推荐好的军事题材作品，让法国官兵了解军事历史。如今，这个奖项旨在通过推选优秀作品，让年轻官兵更好地了解地缘政治方面的知识。

Éric de La Maisonneuve（马翼科），法国战略学会会长，陆军少将，中国问题研究专家。

Pradines, Anne-Marie; Lafaye, Hélène. *La Chine: de retour au milieu du monde*. Paris: Ellipses, impr., 2012.

中国：重返世界中心

中国正朝着世界第一大国迈进。在近30年间，中国通过人口控制、农民工浪潮、城市化发展、农村改革和经济开放，已完成从计划经济向中国共产党领导下的社会主义市场经济的转变。本书两位作者围绕两个核心问题，即中国是否正在重返世界中心，21世纪是否属于中国，从历史、地理和经济的角度进行解读。

本书用11个章节分别探讨了中国面临的人口、城市、农村、民主、权力等挑战和关键问题。具体内容包括：一片土地，一段历史；中国人口：美妙的潜力还是重大的缺陷；城市，当代中国转变的镜子；中国农村的深刻变化：一场悄无声息的变革；中国经济实力的核心：从世界工厂到世界实验室的梦想；经济增长的条件：比较优势和限制；威胁中国成功的内部挑战；和谐社会是否可能：民主的挑战；一个地区性力量的升起和野心；和平发展：虚构或现实；施展软实力：中国吸引世界。

Anne-Marie Pradines，历史教师，在法国瓦伦西亚的亨利—瓦隆中学（lycée Henri-Wallon de Valenciennes）经济和贸易预备班任教。

Hélène Lafaye，地理教师，在法国利摩日的盖—吕萨克中学（lycée Gay-Lussac de Limoges）经济和贸易预备班任教。

外交·安全

Bader, Jeffrey A. *Obama and China's rise: an insider's account of America's Asia strategy.* Washington, D. C.: Brookings Institution Press, 2012.

奥巴马与中国崛起：局内人解说美国亚洲战略

本书记述了作者在2009年1月至2011年4月担任奥巴马政府国家安全事务委员会东亚事务高级主管期间的所见、所做和所思。

本书共13章。除了提纲挈领的第一章“亚洲政策全貌”和总结性的最后一章“回首过去展望未来”以外，从第二章到第十二章，作者按照重大事件发生的先后顺序论述了其亲历的美国亚洲外交，论述了其所从事的工作对奥巴马政府东亚政策的影响。虽然从章节标题上看，全书只有五章涉及对华关系，但仔细阅读就会发现贯穿全书的主线就是讲述美国怎样应对崛起中的中国。作者不仅展现了美国外交政策制定与执行的幕后过程，也对美国外交政策本身做出了坦率的评价，并对今后的政策走向提出了建议。作者认为奥巴马总统在对华政策上做到了平衡，但还是要警惕陷入“安全困局陷阱”中，即各方将对方提升实力的举动视为传达敌意，从而引发剑拔弩张的局面。

Jeffrey A. Bader，美国资深外交家，有30余年政府外交与安全事务从业经历。曾任美国布鲁金斯学会约翰·桑顿中国中心（John L. Thornton China Center, Brookings Institution）的首任主任兼外交政策高级研究员。

Blasko, Dennis J. *The Chinese Army today: tradition and transformation for the 21st century*. 2nd edition. London; New York: Routledge, 2012.

今日中国军队：面向21世纪的传统与转型（第2版）

本书初版于2006年，是一部有关中国军事的综合性研究著作，其对中国地面部队考察的详细程度在同时代此类作品中前所未有。作为新修订的版本，本书全面捕捉了中国军队的最新变化，并将这种变化置于诸多保留至今的中国军队传统之中进行考察。本书作者是一位曾在中国服役的美国退役职业军官，因此本书是集中国军事临场观察，30年军队履职经验，以及对中国官方文件和媒体报道文本分析于一体的著作。本书主要内容有对中国军事现代化计划的论述，包括计划的提出、发展和落实；对中国军事改革的探讨，包括裁军、组建更灵活高效的地面部队、后备役和民兵制度、提高军人素质、更新装备、改革训练方法、后勤工作的变化等方面；以及关于中国军事现代化的未来挑战的思考。

Dennis J. Blasko（卜思高），美国陆军退役中校，美国国防大学独立分析师和前高级军事研究员，从事中国军事情报研究23年，1992—1996年在北京和香港任驻华武官。

相关版本

Blasko, Dennis J. *The Chinese Army today: tradition and transformation for the 21st century*. London; New York: Routledge, 2006.

Chan, Gerald; Lee, Pak K.; Chan, Lai-Ha. *China engages global governance: a new world order in the making*? Abingdon, Oxon; New York: Routledge, 2012.

中国参与全球治理：世界新秩序正在形成？

本书主要关注经济实力和影响力与日俱增的中国对全球治理的参与。书中分析了中国是否有能力，以及以何种方式参与世界多边合作；中国与全球治理中的其他主要力量的互动；中国是否愿意并且能够处理广泛的国际性问题；中国参与全球治理将给国际秩序带来哪些影响等问题，还对中国在国际和平与安全、金融和商贸、人权、环境保护、公共卫生、能源安全以及打击跨国有组织犯罪等领域的全球事务中的影响力做出了全面评估。不同于一般认为中国即将取代美国全球地位的传统观点，作者认为中国并不情愿担当处理全球问题的领导角色。本书预测，未来的全球秩序很可能会出现“领导缺位”的情况，即期望美国成为全球领导者的国家将越来越少，与此同时中国也并不能取代美国的全球霸主地位。

Gerald Chan，新西兰奥克兰大学（University of Auckland）政治系主任、教授。

Pak K. Lee，英国肯特大学（University of Kent）政治与国际关系学院讲师。

Chan Lai-Ha，澳大利亚悉尼科技大学（University of Technology, Sydney）中国研究中心博士后研究员、高级讲师。

Chan, Steve. *Looking for balance: China, the United States, and power balancing in East Asia.* Stanford, California: Stanford University Press, 2012.

寻找平衡：中国、美国与东亚地区的势力均衡

围绕中国崛起及其是否可能对美国在东亚的势力形成挑战的争论由来已久，争论点集中在源于“均势理论”的两个问题，即，美国应该接受还是制约中国崛起？中国崛起是否会导致东亚其他国家与美国结盟以抗衡中国？通过对诸如威胁制衡论、政治经济理论，以及政权在多边环境中比在双边环境中更易存续的理论等多种理论途径的检验和分析，作者认为，中国的发展目标并非要在军事实力和外交影响力上与美国匹敌，其邻国也不会抵制中国的崛起，因为大部分东亚国家都是采取精英合法性策略（a strategy of elite legitimacy），将自身政权的存续建立在经济发展业绩的基础上，而抵制中国崛起意味着丧失从中国经济增长以及与中国的合作中获益。

Steve Chan（陈思德），美国科罗拉多大学波尔得分校（University of Colorado at Boulder）政治学系教授。

Dellios, Rosita; Ferguson, R. James. *China's quest for global order: from peaceful rise to harmonious world.* Lanham, Md.: Lexington Books, 2012.

中国对全球秩序的探求：从和平崛起到和谐世界

“中国崛起”已经成为一个无处不在又带有威胁意味的全球政治术语。本书考察了中国领导层对此的反应以及为了消除其中的威胁意味所采取的战略途径。作者认为，中国并不仅仅只在口头上强调其崛起是和平的，而且采取了积极措施以减少可能发生的冲突。中国政府正在促进一种新兴的全球治理秩序的形成，这种秩序既不会对中国自身构成威胁，又能够富有成效地解决国际问题。借助儒家文化传统发展和谐世界，中国对世界秩序的贡献有可能超越“负责任的利益攸关者”的角色定义。

本书从古今中国的视角阐释了中国对世界秩序的探索，并为读者参与辩论提供了相关哲学和历史背景。作者还将中国概念融入到当代国际关系、战略研究和系统思考中去，指出已经成功应对严峻挑战的儒家地缘政治（Confucian geopolitics）在未来必将引起西方更大的关注。

Rosita Dellios，澳大利亚邦德大学（Bond University）国际关系专业副教授。

R. James Ferguson，澳大利亚邦德大学国际关系专业副教授、东西方文化及经济研究中心（Bond University's Centre for East-West Cultural and Economic）主任。

Elleman, Bruce A.; Kotkin, Stephen; Schofield, Clive. *Beijing's power and China's borders: twenty neighbors in Asia.* Armonk, N. Y.: M. E. Sharpe, 2012.

中国的势力与边界：二十个亚洲邻里

中国有20个陆地和海洋邻国（地区），这一数量超过了世界其他国家。每个邻国（地区）都有自己的利益，其中所包含的领土和领海主权（管辖权）的诉求有时候会与中国产生冲突。这20个国家（地区）中的大部分都曾与中国有过边境冲突的历史，其中一些冲突一直没有得到和平解决。本书邀请了在现代亚洲研究方面最著名的历史学家、地理学家、政治学家和法律学者，对中国的20处陆地和海洋边界逐一进行了研究分析。除了详细介绍边疆划界的历史与现状，跨国活动的日常管理（包括贸易、资源开发、捕鱼权和人口流动）以外，本书还探讨了依据国际海洋法的变化中国重新划定边界线的方法；中国同邻国（地区）边界分歧的类型和程度；成功或不成功的划界行动；未来可能发生边界冲突的地区等问题。

Bruce A. Elleman，美国海军军事学院海战研究中心（Center for Naval Warfare Studies，简称CNWS）海洋历史部研究员。

Stephen Kotkin，美国普林斯顿大学（Princeton University）伍德罗·威尔逊国际学者中心历史教授。

Clive Schofield，澳大利亚伍伦贡大学（University of Wollongong）国立海洋资源和安全研究中心主任、教授。

Gilboy, George J.; Heginbotham, Eric. *Chinese and Indian strategic behavior: growing power and alarm.* Cambridge; New York: Cambridge University Press, 2012.

中国与印度的战略行为：不断增长的实力与警报

本书对中国和印度的国际战略行为进行了实证比较研究，是一部研究崛起中的两个大国与美国亚太利益的开创性作品。

本书从四个方面系统客观地评价了中印两国的战略行为：战略文化；外交政策和武力应用；军事现代化（包括防卫支出、军事理论和武装现代化）和经济战略（包括国际贸易和能源竞争），并由此得出结论：中印两国的战略行为模式并不是大相径庭的，而是有相似之处。书中还分析了民主和平理论在中印两国战略行为中发挥的作用，作者的研究结果质疑了西方关于中印两国未来发展的很多假设，作者认为，美国政府关于印度处于华盛顿决策圈内的乐观看法可能只是种幻想，这种看法更多地源于美国对中国的不安全感，而非基于对印度的真实评估。印度的崛起不仅不会制衡中国，对美国而言反而可能意味着双重麻烦。对此作者给出的建议是，美国不应该采取相同方式应对中印这两支亚洲重要力量，而应基于一种有差别的、务实的现实主义理念来分别制定针对两国的相关政策。

George J. Gilboy，美国麻省理工学院（Massachusetts Institute of Technology，简称 MIT）国际研究中心高级研究员，曾任壳牌集团旗下天然气与电力集团驻中国战略规划部负责人，在中国工作生活了 18 年，熟练掌握中文。

Eric Heginbotham，兰德公司（RAND Corporation）资深政治学家。

Gross, Donald. *The China fallacy: how the U. S. can benefit from China's rise and avoid another cold war.* New York: Bloomsbury, 2012.

误读中国：美国如何从中国崛起中获益并避免再陷冷战

很多美国人认为，未来的美国与日益崛起的中国之间必有一战，他们认为中国正在试图将美国“驱逐”出亚洲；中国实行的贸易保护主义政策威胁到了美国的就业和经济繁荣。“中国威胁论”的论调已经影响了美国政府的政策制定。本书作者质疑了美国目前制定对华政策的思路，他指出，在小布什执政期间出现、由奥巴马政府加强的遏制中国的战略，反而降低了美国的安全系数。并且美国针对中国——它的第三大出口市场采取贸易保护政策，也会损害美国的经济繁荣。

作者认为，美国应该谋求与中国建立一种“稳定和平”的状态，协商并签订更广泛的自由贸易协定以促进美国经济发展，同时延续从尼克松到克林顿时期良好的中美关系准则。作者从安全、经济、外交等多个方面为美国政府提出了非常具体的政策建议。此外，书中还剖析了中国的“和平崛起”政策，讨论了核优势、贸易逆差和人权等中美交流中经常面对的问题，探讨了中美关系如何影响美国政策的根本性转移，以及这种政策变化对日本、朝鲜半岛及台湾地区的潜在影响。

Donald Gross，政策专家、军事专家、律师，美国战略与国际问题研究中心(Center for Strategic and International Studies) 太平洋论坛高级研究员，克林顿执政期间任美国国务院高级顾问，军事控制与裁减署顾问。

Hu, Nien-Tsu Alfred; McDorman, Ted L. *Maritime issues in the south China sea: troubled waters or a sea of opportunity.* Abingdon, Oxon: Routledge, 2012.

南海争端：混乱之海还是机会之海?

南海问题复杂多变，从历史主张到武力占领，从军事安全到地区稳定，从心照不宣到国家利益，从区域内部竞争到区域外部牵连。2009 年，几个东南亚国家向联合国提交了南海 200 海里外大陆架划界案，自此南海水域和孤岛再次成为海事纠纷的焦点，区域合作的未来发展问题也随之再次浮出水面。与此同时，中国两岸关系自 2008 年之后不断改善也成为南海问题发展的一个新的影响因素。本书深入探讨了南海问题近年来的发展态势，并对其未来发展的可能性提出看法。

Nien-Tsu Alfred Hu（胡念祖），台湾“国立中山大学”教授、海洋政策研究中心主任。主要研究领域包括海洋政策、海洋法、渔业政策，海岸地区管理政策与法规等。

Ted L. McDorman，加拿大维多利亚大学（University of Victoria）法学院教授。

Johnson, Thomas A. *Power, national security, and transformational global events: challenges confronting America, China, and Iran.* Boca Raton: CRC Press/Taylor & Francis, 2012.

实力、国家安全与转型期的全球事件：美国、中国和伊朗面对的挑战

当美国在经济衰退中挣扎的时候，中国悄然购买了大量美国国债，以致汇率问题引发两国间紧张气氛。与此同时，在不稳定的中东地区，伊朗继续发展其核力量。美中两国发现自己已身处全球实力拉锯战的漩涡中。

本书邀请一些学者围绕全球政治权力中心的转移所引发的一系列“转型期事件”进行探讨，其中包括在全球范围内引发重大事件的权力变革；美国面临的政策性问题以及可以采取的有限措施；信息技术和Facebook、Twitter、YouTube等社交网络在阿拉伯革命中起的作用；中国在经济和军事实力方面的迅速发展等。作者们认为，当今美国面对的主要挑战都源自于这些转型期事件，但由此认为美国正在走向衰落则是一个误解。

Thomas A. Johnson，美国威斯康辛大学帕克赛德分校（University of Wisconsin-Parkside）刑事司法系教授。

Kemp, Geoffrey. *The East moves West: India, China, and Asia's growing presence in the Middle East.* Washington, D. C.: Brookings Institution Press, 2012.

自东向西：印度、中国和亚洲势力在中东地区的增长

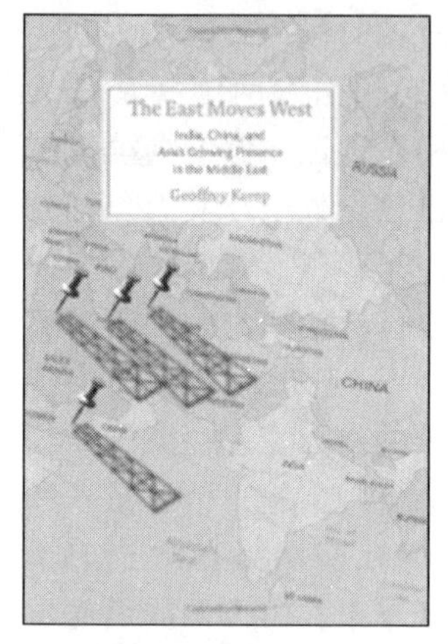

中东地区有着被欧洲统治的苦涩历史，如今美国又把自己在该地区的军事霸权视作理所当然，因此亚洲国家的出现可以从很多方面给这一地区带来一缕新鲜空气。印度、中国、日本和韩国正在悄然增加着各自在此地区的分量。印度的表现不容低估，中国的表现更引人注目。亚洲国家没有侵略或殖民中东地区的历史，对阿拉伯国家和以色列之间的冲突也没有主观的感情倾向。这意味着一方面，亚洲国家可以采取自由放任的态度来应对中东地区的政治问题和未决冲突；另一方面，亚洲各国可以通过不直接干涉中东地区的事务而与大多数中东国家保持良好关系。但是，假如美国放手中东，亚洲国家将不得不为了维持它们在这一地区的经济和战略利益而插手其政治问题，因此这种不干预政策能保持多久还是个疑问。尽管如此，作者认为，美国不应将亚洲国家在中东的势力扩张视为威胁，相反，这正是一个建立更广泛的安全联盟的绝佳机会。在防止中东地区冲突的进一步扩大上保持一致意见、共同维护印度洋的航海安全符合美国和亚洲国家共同的利益。

Geoffrey Kemp，美国智库国家利益中心（Center for the National Interest）地区安全项目主管。

Lai，Benjamin. *The Chinese People's Liberation Army since* 1949：*ground forces*. Oxford：Osprey，2012.

1949 年后的中国人民解放军：地面部队

中国人民解放军是世界上规模最大的军队，中国的军事实力和在全球范围内的抱负是西方政府长期持续关注的议题。中国人民解放军自 1949 年创立后经过稳步发展，已经从仅限于开展“人海战术”的单一大规模步兵军种，壮大成为一支具备多种作战能力的精锐武装力量。解放军近期进行的改革（1989 年至今）得益于中国大规模的经济增长。改革不仅体现在装备的现代化，也体现在中国军队在全球范围内开展的活动，包括参与联合国在非洲、中东和海地的维和行动。通过珍稀图片和经过特别授权的彩色插图，从 1950 年代的 55 式到 21 世纪的 07 式制服、徽章、武器装备，从步兵、武警到特种部队、空降部队，本书图文并茂地展现了中国人民解放军的组织发展、结构变化以及服装与装备的更新。

Benjamin Lai，生于香港，在英国接受教育，20 世纪 80 至 90 年代担任英国本土防卫自卫队（British Territorial Army）军官。现在中国从事商业顾问工作。

Lanteigne, Marc; Hirono, Miwa. *China's evolving approach to peacekeeping*. London; New York: Routledge, 2012.

中国的维和之路

中国已经成为联合国维和工作的热情支持者和重要参与者。中国会按现行国际规范参与维和行动，还是会依据自身的价值观来改变通行的维和标准？随着中国自信心的增长，中国会更积极地参与维和工作，还是会将其视为非重要国际活动？本书试图通过观察中国国际地位的变化和中国维和政策与实践发展之间的关系来解答上述问题。书中针对中国过去20年的维和历程和特别案例进行了分析，指出在维和过程中中国在政治、观念和操作层面面临的挑战、采取的应对方法，及其对未来国际维和工作的影响。

本书共分八个章节，分别为：导论：中国与联合国维和；中国维和行动的原则与实践；中国为什么参与入侵式维和行动?；理解家长式的中国语境；负责任的大国？——中国与联合国维和体制；保护的责任与中国的维和政策；转换视角：中国参与东帝汶维和行动；中国的魅力攻势与维和行动：柬埔寨的教训和现在的苏丹问题；中国全球和平参与战略的两大支柱：联合国维和行动和国际和平建设。

Marc Lanteigne，新西兰惠灵顿维多利亚大学（Victoria University of Wellington）政治学和国际关系高级讲师，当代中国研究中心研究主任。

Miwa Hirono，英国研究理事会（Research Councils United Kingdom）研究员，诺丁汉大学（University of Nottingham）政治与国际关系学院亚太研究所副主任，中国政策研究院高级研究员。

Laruelle, Marlène; Peyrouse, Sébastien. *The Chinese question in Central Asia: domestic order, social change and the Chinese factor.* London: Hurst & Company, 2012.

中亚的中国问题：国内秩序、社会变迁与中国因素

21世纪以来，在外交和战略层面，中国在中亚事务中日益成为重要角色，特别是通过上海合作组织施加的影响。经济层面上，中国则已经成为哈萨克斯坦、吉尔吉斯斯坦、乌兹别克斯坦和土库曼斯坦等国的最大贸易伙伴和投资者之一，与此同时，俄罗斯的长期垄断局面被打破，美国和欧洲对上述国家的影响力也显著下降。本书将中国作为影响中亚各国国内秩序的外部因素之一，深入分析了中亚各国体制与社会格局的各种变化。本书还指出，随着中国势力对中亚地区的渗透，中国不仅已成为中亚国家公众辩论与学术研究的主题，而且还引发了中亚国家一系列的焦虑和恐惧心理，这一主流情绪使惧华派和亲华派的关系变得紧密。

Marlène Laruelle，美国乔治华盛顿大学（George Washington University）艾略特国际事务学院欧洲、俄罗斯和欧亚研究所（Institute for European, Russian and Eurasian Studies，简称IERES）中亚项目主任，讲座教授。

Sébastien Peyrouse，美国乔治华盛顿大学艾略特国际事务学院欧洲、俄罗斯和欧亚研究所讲座教授。

Luttwak, Edward N. *The Rise of China vs. the Logic of Strategy*. Cambridge, Massachusetts: The Belknap Press of Harvard University Press, 2012.

中国崛起与战略逻辑

就战略逻辑的观点而言，一个国家只能在大力发展军事实力和追求经济高速增长二者之间择其一，但中国正在同时追求这两个目标。作者认为，中国的快速发展与矛盾的战略逻辑发生碰撞正在导致人们不愿意看到的危险后果，中国也因此而可能走向衰落。中国的军力增长和愈发强硬的外交政策已经在其邻国中激起了抵触的情绪。印度、日本和越南，在人口和经济实力上加起来超过中国，如果中国不调整战略，这些已经心照不宣的形成军事战略同盟的国家可能会对中国施以经济制约手段。届时，中国将难以在军事和经济之间做出取舍，同时也很难对公众解释为何国家会陷入如此局面。为避免进一步刺激外界对中国的敌意，作者建议中国寻求更稳定的经济发展路径，并将军事、外交等制约因素纳入战略考虑。

Edward N. Luttwak，美国战略与国际研究中心（Center for Strategic and International Studies）高级研究员。曾担任美国国防部长办公室、国家安全委员会、国务院、美国陆军、海军和空军等政府部门顾问。

Nathan, Andrew J.; Scobell, Andrew. *China's search for security*. New York: Columbia University Press, 2012.

中国的国家安全战略

尽管中国拥有广阔的国土面积和庞大的人口，它的经济活力和军事力量升级也给人们留下深刻印象，但中国仍然是一个被强有力的竞争对手和潜在敌人包围的脆弱国家。要想理解中国的外交政策，必须充分意识到中国面对的地缘政治挑战，即使中国正在逐渐拥有左右其邻国的影响力，这种挑战也将长期持续存在。

本书的两位作者从四个方面分析了中国面临的国家安全问题：国内安全、与邻近国家的关系、与周边区域体系的关系以及与亚洲之外国家的关系；通过三方面力量来评估中国国家安全的优势和劣势：经济力量、军事力量和软实力。本书的研究虽然立足于当代，但仍然使用了大量过去的资料，通过回溯历史来阐释中国当代安全战略的形成。作者指出，中美间除了经济合作，军事上并非完全没有共同利益存在。中国的决策者已充分认识到国家的繁荣、稳定、安全有赖于同美国的合作，如果双方能够明智地处理两国关系，将会给亚洲乃至整个世界带来双赢的结果。

Andrew J. Nathan（黎安友），美国哥伦比亚大学（Columbia University）政治学教授，曾任哥伦比亚大学东亚研究所主任。

Andrew Scobell，兰德公司（RAND Corporation）资深政治专家。

Odgaard, Liselotte. *China and coexistence: Beijing's national security strategy for the twenty-first century*. Washington, D. C.: Woodrow Wilson Center Press; Baltimore: Johns Hopkins University Press, 2012.

中国与和平共处：21世纪的中国国家安全战略

"和平共处"一直是中国战略思想中的一个核心表述，也是一条具有建设性指导意义的原则。中国的和平共处外交政策强调绝对主权和不干涉他国内政。本书作者通过对中国外交政策实践的分析，指出中国贯彻这一原则的目的是为了赢得更大的权力和国际影响力，并且避免通过扩张军事力量或者施加经济压力来达到这一目的。作者还分析了中国在处理南海问题和中俄、中印边境纠纷，以及在联合国安理会讨论伊朗、苏丹和缅甸问题的过程中，和平共处政策的应用。作者预测，中国在21世纪可能仍会继续奉行和平共处的外交战略，这将导致国际秩序的分野，一方面，美国坚持普遍的自由和民主规范；另一方面，中国坚持自己的主权观点，并且同较小的国家保持务实的合作关系。此外，本书还论述了和平共处思想在前苏联的起源、中印两国在20世纪中期对这一思想的发展，以及这一思想对发展中国家持续的吸引力。

Liselotte Odgaard（奥德高），丹麦皇家国防学院（Royal Danish Defence College）战略研究所副教授，主要研究领域为国际关系、美中安全关系、亚太安全等。

Ong, Russell. *China's strategic competition with the United States.* Abingdon, Oxon; New York: Routledge, 2012.

中美战略竞争

近年来，中国作为一个新兴的经济、政治和军事力量的代表正在逐渐崛起，它的外交活动和影响力也逐渐扩展到亚洲以外的欧洲、拉丁美洲、非洲和中东地区，这些都深刻地改变了其与美国之间的关系。本书主要探讨后冷战时期中美关系的变化，分析了中美两国在军事、政治和经济方面战略竞争的特征和影响，中美两国在许多地区问题上的国家利益的一致性或差异性，以及在涉及台湾地区、日本、朝鲜半岛和中亚等问题上的两国关系。作者认为，两个大国之间的竞争几乎存在于国际体系中的每一个领域，即使是在那些易于合作的领域，比如贸易和防止核扩散。作者在本书中探讨的问题几乎涵盖了中美关系中的所有重要领域，包括政治、安全、核威慑、军事现代化、能源、贸易和经济合作，以及亚太力量整合。

Russell Ong，英国斯特拉斯克莱德大学（University of Strathclyde）政府与公共政策学院讲师。

Rozman, Gilbert. *East Asian national identities: common roots and Chinese exceptionalism.* Washington, D.C.: Woodrow Wilson Center Press; Stanford, Calif.: Stanford University Press, 2012.

东亚民族认同：同根同源与中国例外论

本书是一部系统、严谨、综合的有关民族认同的区域性比较研究论文集，研究对象是长期受儒家思想影响、民族主义冲击和对区域称霸具有深远雄心的日本、韩国和中国三个国家。本书从意识形态，历史、文化、政治和经济因素，作为民族共同体的优越性，美国在亚洲的地位被取代，以及民族认同的深度等角度对三个国家的民族认同进行了比较，多维度分析法也为民族认同研究提供了一个新方法。本书的作者包括美国、日本、韩国和中国的社会学、政治学和国际关系研究领域的学者。

Gilbert Rozman（饶济凡），美国普林斯顿大学（Princeton University）社会学教授。

Shambaugh, David. *Tangled titans: the United States and China.* Lanham, Md.: Rowman & Littlefield, 2012.

纠缠的大国：美中关系

本书对美中关系的现状作了全面评估。在这本论文集中，美中关系研究领域的专家深入探析了美中两国在历史、国内形势、双边关系、地区事务、全球事务以及未来发展等方面的问题。专家们指出，美中关系是一种独特的“合作性竞争”关系，融合了相互依附、有限的合作以及与日俱增的竞争关系。在近现代史中从未出现过像美中关系这么错综复杂的双边关系，双方都对对方抱有深深的怀疑和潜在的敌意。作者认为，今后在所有领域的竞争都将主导中美关系的发展，包括经济、战略、政治、意识形态甚至文化领域，美中关系紧张将成为长期事实。此外，本书的作者们还提供了许多难得一见的当代史料，披露了美中关系发展过程中的细节。

David L. Shambaugh（沈大伟），美国乔治华盛顿大学（George Washington University）政治学及国际关系专业教授，中国政策研究项目主任。布鲁金斯学会（Brookings Institution）兼职外交政策高级研究员。

Shinn, David Hamilton; Eisenman, Joshua. *China and Africa: a century of engagement*. Philadelphia: University of Pennsylvania Press, 2012.

中非百年

中国曾经只是非常有限地参与非洲事务，诸如帮助建造临时铁路或港口、支持非洲独立运动等。但是现在，在西方国家对非洲大陆逐渐丧失兴趣的同时，中国对非洲的关注却在持续增长，中国的外交官员、国有和私营企业、大量的中国工人遍布非洲。这种变化已成为当代最重要的地缘政治现象之一。本书在解释中国的非洲政策动机和影响方面并没有太多创新，但它全面展现了中国与55个非洲国家之间的关系细节，是自20世纪70年代以来第一部全面论述中非关系的著作。书中回顾了自1949年新中国建立以来的中非交往历史，内容涉及中非关系的方方面面，包括政治、贸易、投资、国际援助、军事、安全和文化，并提供了重要的背景资料。作者认为，虽然中非关系不同于中国同西方国家的交往模式，但都同样复杂；中非人民的相互认知还在不断发展变化中，这些变化既有积极的一面，也有消极的一面。两位作者的研究将细致的实地考察与严谨的数据分析相结合，其外交官工作经历也对他们撰写此书有所帮助。

David H. Shinn，在美国乔治华盛顿大学（George Washington University）教授国际事务课程。曾任美国驻埃塞俄比亚和布基纳法索大使。

Joshua Eisenman（江佳士），美国外交政策委员会（American Foreign Policy Council，简称 AFPC）中国研究高级研究员。

Smith, Ivian C.; West, Nigel. *Historical dictionary of Chinese intelligence*. Lanham, Md.: Scarecrow Press, 2012.

中国情报史辞典

有关中国情报活动的记载可以追溯到中国古代名著《孙子兵法》，但中国情报活动的历史，现今的组织形式、技术手段和人员情况都鲜为人知。本书梳理了自公元前400年至今的中国情报活动史。作为一部工具书，本书共有400余条可相互参照的条目，内容包括情报机构与人员、运作与装备、情报技术以及中国情报活动涉及的国家。此外，书中还附有一份从公元前400年到21世纪的大事年表；一份涉猎广泛的参考书目和索引；以及一篇综述性的比较研究论文，对苏联和西方的间谍风格以及与之相比风格迥异的中国情报活动进行了比较。

Ivian C. Smith，美国联邦调查局顶尖调查员之一，研究中国反间谍活动超过25年。曾任联邦调查局高级执行主管，美国国务院外交安全长官等职。

Nigel West，《全球情报评论》(*World Intelligence Review*) 杂志欧洲区编辑。

Smith, Martin A. *Power in the changing global order: the US, Russia and China*. Cambridge UK; Malden MA: Polity, 2012.

全球秩序变化中的大国势力：美国、俄罗斯和中国

大国势力是人们经常讨论的话题，但又鲜有人能够真正了解其含义。本书试图深入揭示当代国际秩序中不断变化的大国势力的内涵。

立足国际知名哲学和社会学者的研究成果，本书超越了仅从物化能力这一单一的大国势力分析角度，考察了以往研究中被忽略的大国势力的社会维度。针对美国、俄罗斯和中国在冷战结束后的国际角色、地位和实力的演变，作者在深入分析后得出结论，即当今世界并未形成多极化格局，美国势力依然难以撼动，中国与俄罗斯由于各自不同的原因限制了其自身对美国形成挑战的可能。

Martin A. Smith，英国皇家陆军军官学院（Royal Military Academy, Sandhurst）防务与国际事务系高级讲师。

Steinberg, David I.; Fan, Hongwei. *Modern China-Myanmar relations: dilemmas of mutual dependence*. Copenhagen: NIAS Press, 2012.

当代中缅关系：相互依存的困境

本书分析了自1948年缅甸独立和1949年中华人民共和国成立以来，中国与缅甸之间不断变化的相互关系。作者参考了一些珍贵的中文资料，其中记录了中缅两国围绕某些重要历史事件或协商或斗争的解决过程，这些事件涉及边境划界、缅甸境内的国民党军队残部、海外中国公民地位和缅甸共产党等问题。书中还记录了1967年发生的缅甸排华事件以及随后两国关系的改善；中缅两国在军事、打击贩毒和移民问题上的合作；论述了中国中央与地方政府之间、缅甸政府与缅甸少数民族之间所面临的一系列政策困境；分析了中缅关系变化给美国、印度、日本和其他东盟国家带来的困境。在分析了缅甸在中国整体战略中，特别是在贸易投资、油气资源、水力发电、自然资源以及交通建设等领域中的角色变化后，作者认为，缅甸并不是中国的“附庸国”（client state），两国关系的相互依存度将越来越高。

David I. Steinberg，美国乔治城大学（Georgetown University）国际事务学院亚洲研究教授，曾出任韩国亚洲基金会代表。

Fan Hongwei（范宏伟），厦门大学南洋研究院副教授，长期研究中缅关系。

Sun, Jing. *Japan and China as charm rivals: soft power in regional diplomacy.* Ann Arbor: University of Michigan Press, 2012.

日中魅力竞争：区域外交中的软实力

在当代国际关系中，软实力已成为军事实力和经济实力之外最重要的国家实力。世界各国纷纷展开宣传攻势，以期用良好的国家形象来获取他国的支持。本书作者将这种通过塑造和展示国家形象来提高国家软实力的手段称之为“魅力攻势”。本书聚焦中国和日本之间为争取地区内其他国家的拥护而进行的国家形象宣传竞争。在这场国家魅力竞争中，日中两国均未采取简单的同一策略，而是针对地区内各国的文化特点、国际地位及其对本国的价值而采取不同的宣传策略。作者通过对各国进行民意调查、分析媒体报道、观察国家领导人的反应等方法，对日中两国采取的各个击破的“魅力攻势”的有效性进行了评估。本书的研究不仅是对软实力这一概念的拓展，也为“魅力攻势”的效力评估提供了方法。

Sun Jing（孙晶），美国丹佛大学（University of Denver）政治系副教授，研究领域为日本政治、中国政治和东亚关系。

Tellis, Ashley J.; Tanner, Travis. *China's military challenge. Seattle*; Washington, D. C.: National Bureau of Asian Research, 2012.

中国的军事挑战

近20年，来伴随着中国的快速崛起，“中国威胁论”的声音屡屡响起，其中的猜疑和担忧主要来自于中国不断增长的国防支出和显著加速的军事现代化进程。美国国家亚洲研究局的“战略亚洲”研究项目已经持续进行了12年，该项目汇集了顶尖亚洲研究及国际关系研究领域的专家，对亚太地区不断变化的战略环境进行评估。

本书收录了参与该项目的十位专家对中国军力的评估与展望，具体内容包括中国军事现代化及其对亚洲安全的影响，中国的战略目标，美国面临的挑战和机会，如何应对中国的军事力量崛起和美国的战略再平衡政策等一系列问题。书后的附录由14张表格组成，涵盖了全球政治、经济、贸易与投资、能源及环境、安全挑战、核武器与防止核扩散等方面的数据。这些数据均来自美国国家亚洲研究局数据库，显示了亚洲地区力量平衡的变化和发展趋势。

Ashley J. Tellis，美国国家亚洲研究局（National Bureau of Asian Research）政治与安全事务高级顾问，战略亚洲项目（Strategic Asia）主任，卡内基国际和平基金会（Carnegie Endowment for International Peace）高级研究员。

Travis Tanner，美国国家亚洲研究局派尔东北亚研究中心（Pyle Center For Northeast Asian Studies）主任，高级项目总监。

Tselichtchev, Ivan. *China versus the West: the global power shift of the 21st century*. Hoboken, N.J.: Wiley, 2012.

中国抗衡西方：21世纪全球势力转移

本书全面介绍了新兴超级大国中国与老牌发达经济体——美国、欧洲和日本之间不断变化的势力平衡，揭示了在一个非西方主导的新世界中，全球经济贸易的发展状况。作者指出，在这种新的经济秩序中，新兴大国经济体将成为世界经济增长的主要动力。经济环境的彻底转变促使各国必须寻求新的治理政策和商业战略，作者对此提出了很多有价值的建议，并且分析了西方商业应对中国商品和出口攻势的可能选择。此外，本书还对2008—2009年间世界经济危机发生的原因及其对全球势力平衡的影响进行了深刻独到的分析。这次西方经济的结构性危机引发了作者对中国经济发展模式定义和本质的重新思考。对于中国存在的问题和政治改革的前景，作者也提出了自己的见解。本书最后分析了中国在世界经济史中的地位，非西方主导的多级世界的本质，以及主要大国在其中发挥的作用。作者认为，从现在起没有哪个国家可以单独统治世界，而不断发展的中国将会在未来更加开放。

Ivan Tselichtchev，日本新潟经营大学（Niigata University of Management）教授，亚洲经济问题专家。主要研究领域为全球及亚洲经济贸易，可用英语、日语和俄语写作。

Vogt, Roland. *Europe and China: strategic partners or rivals?* Hong Kong: Hong Kong University Press, 2012.

欧洲与中国：战略伙伴还是竞争对手?

中欧关系正在逐渐成为一个经济、外交、社会和文化关系相互交错的复杂关系网络，虽然经贸关系是中欧关系中的决定性因素，但双方也在有意加强商业以外的联系。能源与气候变化、人权与非洲政策、地缘政治学考量，以及中国崛起带来的普遍焦虑，都成为影响中欧关系的重要因素。虽然中欧双方没有边境问题，在对方区域内也没有战略利益，因此保持了较为友好的关系，但中欧之间依然存在着距离感和模糊地带。中欧双方互动的增多并没有给双方关系带来质的提升，他们互相还是将对方视为自己的次要伙伴。误解、错误的预期以及对左右对方政策的国内驱动力量缺乏了解，是中欧双方进一步改善关系的主要障碍。本书收录了数位不同学术领域的学者关于中欧关系研究的文章，阐明了中欧关系的内涵，对官方将中欧关系定义为“建设性交往”“战略合作伙伴”的观点提出了挑战。

Roland Vogt，香港大学副教授，欧洲研究项目负责人，主要研究领域为中欧关系（特别是英国和德国的对华政策）、外交史、民主化进程等。

Wang, Yi. *Australia-China relations post* 1949: *sixty years of trade and politics.* Farnham, England; Burlington, VT: Ashgate, 2012.

1949 年后的澳中关系：六十年的贸易与政治交往

本书挑战了一个传统观点，即澳大利亚在制定对外政策时过于依赖大国盟友，而缺少独立自主的思考和行动。作者重点关注 1949 年以来澳大利亚对华政策的制定过程，并将澳大利亚外交政策制定和实施中的内外因素放在同一个分析框架内予以考虑。

不同于其他有关澳中关系的研究著作，本书既没有做纯粹的经济分析，也没有按澳中关系编年史来写作，而是将重点放在政治与国际关系方面，审视了澳大利亚对华政策成型过程中政治和经济因素的相互作用，揭示了霍克政府（1983—1989）以来政策制定过程中某些一直被忽略的细节。作者在写作此书的过程中，不仅使用了大量原始文献，而且还采访了中澳两国众多前领导人、大使以及两国建交以来政策制定的直接参与者。特别值得一提的是，现有的有关澳大利亚外交政策和澳中关系的英文著作的作者都是非中国学者，而本书作者在中国出生、接受教育并工作多年，这一背景的影响在书中亦有所体现，给目前研究澳大利亚对华政策的英文著作增加了一种与众不同的中国视角。

Wang Yi（王毅），澳大利亚广播公司（Australian Broadcasting Corporation，简称 ABC）时事评论员，并任教于澳大利亚格里菲斯大学（Griffith University）。曾在中国外交部担任翻译多年。

Wuthnow, Joel. *Chinese diplomacy and the UN Security Council: beyond the veto*. London; New York: Routledge, 2012.

中国外交与联合国安理会：否决权的背后

作为联合国安理会常任理事国，21 世纪的中国扮演着一个复杂的、有争议的角色。从伊朗核问题到达尔富尔问题，众多案例可以说明这一点。然而，中国作为联合国安理会中拥有否决权的地位并未得到足够的讨论。中国的立场是如何形成的？它寻求保护的是哪种利益？国际社会应该如何看待中国？本书试图厘清中国在联合国安理会中的作用和影响，探索中国立场背后的动机和意图。

作者指出，中国一方面要保护自身的利益；另一方面又要在世界舞台上塑造正在崛起的负责任的大国形象。中国努力在这两方面之间寻求平衡。中国的立场变化受到战略和政治目的的影响，但基本上还是可以预测的。通过采访中国、美国和其他国家的相关人士，以朝鲜、伊朗、达尔富尔、缅甸、津巴布韦、利比亚和叙利亚问题为案例，作者剖析了中国在联合国安理会的活动。本书不仅思考了世界如何影响中国，也反思了中国如何利用安理会来影响世界。作者认为，美国政府应当更加灵活地运用外交战略，针对中国的立场和行动，适时反对或妥协。

Joel Wuthnow，美国海军分析中心（Center for Naval Analyses）中国研究分析专家。

Bokilo, Julien. *La Chine au Congo-Brazzaville: stratégie de l'enracinement et conséquences sur le développement en Afrique.* Paris: l'Harmattan, 2012.

中国在刚果（布）：扎根战略及其对非洲发展的影响

从计划经济向市场经济的转变使中国成为了一个带有资本主义色彩的共产主义国家，百万富翁和农民工同时生活在这片土地上。为了确保国家经济运转，中国需要非洲的原材料，这似乎解释了中国在刚果（布）的扎根战略。这一举动催生了一种新的合作模式，中国领导人称之为“共赢”。

该书通过南南合作，特别是中非合作，并以1964年至今中国在刚果（布）的行动为例，来分析不对称合作背景下的中非经贸往来。本书研究揭示了中国是如何通过意识形态、金融货币和人道主义援助途径来加深非洲对中国的依赖，又是如何在非洲提升华人优越感的。本书同时具有实践和理论研究的双重属性。在50年南北合作失败的经历后，人们意识到，南南合作或许能够在全球化时代成为发展中国家经济发展的杠杆，如果这些国家能实现技术交换，则有可能成功地将南南合作与南北合作相结合。

Julien Bokilo，可持续发展及组织管理专家，法国高等社会科学研究院近现代中国研究中心（Centre d'études sur la Chine moderne et contemporaine, École des hautes études en sciences socials，简称EHESS）中国—非洲组成员。

Frachon, Alain; Vernet, Daniel. *La Chine contre l'Amérique: le duel du siècle.* Paris: B. Grasset, impr., 2012.

中国与美国：世纪对决

一边是经历短暂低谷、却依然保有无可匹敌的超级大国地位的美国，一边是创造了无数经济奇迹、试图重塑无可争议的区域大国地位的中国；一个是全球霸主，一个是地区老大。他们在太平洋地区相互提防、展开较量，即便是你中有我、我中有你的经济往来也不能阻止两国战略敌对可能性的上升。虽然两个大国都否认第三次世界大战会在亚洲爆发，但不可否认的是，中美对决将成为本世纪的主旋律。对彼此意图的理解失误、非主观意愿的失控、对自身实力的高估或者对对方实力的低估、高涨的民族主义情绪……任何微不足道的意外事件都可能造成世界性的影响。中美关系左右着明日世界的平衡，无论是在战略上、经济上还是财政上。这正是本书的主题。作者在本书中回顾了两个世纪以来复杂的中美关系，并尝试回答以下问题：中美之间将迎来的是武装冲突还是中国的和平崛起？孙子的“不战而屈人之兵”会否成为现实？欧洲在21世纪的世界是否会角色缺失？

Alain Frachon，《世界报》（*Le Monde*）主编，关注领域为中东与西方的政治冲突。

Daniel Vernet，记者，专栏作家，曾任《世界报》主编，外交与国际关系问题专家。

Gabas, Jean-Jacques; Champonnière, Jean-Raphaël. *Le temps de la Chine en Afrique: enjeux et réalités au sud du Sahara.* Paris: Karthala: GEMDEV, impr., 2012.

非洲的中国时代：黑非洲的得失与现实

中国在非洲的活动并不是最近才开始的事业，但中国在非洲影响力的扩大引起了北半球国家的关注、猜测和分析。中非关系的历史源远流长，应当承认的是，中非贸易在过去十年增长惊人，2010 年中国第一次超过美国，成为非洲双边贸易第一伙伴。耗资两亿美元、高 30 层、以玻璃和钢铁为材料、耗时三年完成、有精装修的 500 间办公室和 3 间会议室的非盟总部大楼更将长期被看做是中非关系最惹人注目的标志。

中国在非洲的扩张将对非洲发展产生怎样的深远影响尚不可知，但已开始招致国际社会的批评，他们认为，中国的对非贸易结构不仅无法改善当地产业的命运，不能促进就业和技术转让，无法从根本上减少贫困，反而有可能加重非洲的经济失衡。中国面临的问题是，在垄断了大众工业生产之后，怎样引导非洲国家走上中国提出的传统进化式发展道路，即从农业到工业再到服务业？本书收入数篇分析精辟的文章，对中国对非投资的动因、方式和影响进行了颇有价值的研究。

Jean-Jacques Gabas，经济学家，法国巴黎第十一大学（Universite Paris XI，又名 Universite Paris-Sud）教师，同时执教于巴黎政治学院，并在巴黎第一大学教授国际合作、人道主义行动与发展政策硕士专业课程。法国国际合作高级理事会成员。其著作《南北合作困局》（*Nord-sud: l'impossible cooperation?*）中译本 2010 年由社会科学文献出版社出版。

Jean-Raphaël Chaponnière，法国亚洲中心（Asia Centre）助理研究员。1998—2000 年任法国驻朝鲜大使馆经济参赞，2000—2003 年任法国驻土耳其大使馆经济参赞，2005—2011 年任法国开发署亚洲司经济学家。

Gaillard-Sborowsky, Florence; Puig, Emmanuel; Sourbès-Verger, Isabelle. *Analyse comparée de la stratégie spatiale des pays émergents: Brésil, Inde, Chine.* Paris: IRSEM, Institut de recherche stratégique de l'école militaire, 2012.

新兴国家太空战略比较分析：巴西、印度、中国

当代的航天强国要么兴起于冷战时期，如美国和俄罗斯：要么是长期对太空事业进行资金投入，如日本和法国。然而近十几年来，一直致力于自主航天能力开发的新兴国家印度和中国都以自己的方式实现了航天强国梦，巴西的国有运载火箭发展虽然不顺利，但也锲而不舍。这三个国家实力不一，占领太空的方式、组织机构模式、产业结构和能力、公民与军队关系以及双边和地区合作偏好等方面也各不相同。但它们都具有国土广袤和地区发展不均的特点，除了一如既往地希望得到国际承认并培养民族自豪感以外，它们还想通过航天卫星的发展促进本国经济进步并实现国土资源的均衡配置。

本书逐个分析了三个国家的航天活动、政治和产业组织机构，国家的首要关注点和国际事务参与情况，将各国发展太空事业的优劣势进行比较，并就十年后他们的竞争力水平和潜在的趋同性进行了分析。本书是法国军事学院战略研究所的研究成果，旨在及时更新人们对三个发展中大国的太空政策的认识。

Florence Gaillard-Sborowsky，太空政策专家。曾任国际战略关系研究所（l'Institut des Relations Internationale et Stratégiques，简称 IRIS）、战略研究基金会（Fondation pour la Recherche Stratégique）、法国武器装备总代表处（Délégation Générale à l'Armement）研究员。

Emmanuel Puig，法国里尔政治大学（Sciences Po Lille）教师，亚洲中心（Asia Centre）助理研究员，法国国家科学研究中心科瓦雷中心（Centre Koyré，Centre national de ta recherche scientifique，简称 CNRS）助理研究员。法国战略事务管理局（Délégation aux Affaires Stratégiques，简称 DAS）顾问。

Isabelle Sourbès-Verger，地理学家，太空占领专家，太空政策的政策和科技比较研究专家。法国国家科学研究中心科瓦雷中心副主任，法国武器装备总代表处专家。

Maréchal, Bernard. *Le grand jeu Sino-Américain: essai sur le devenir du monde*. Villeurbanne: éd. Golias, impr., 2012.

中美大戏：试析未来世界

中国正在寻求重塑在亚洲的领导力、经济发展和国家统一。而为了保卫既得利益，美国近来正明确加强在亚太地区的存在。是否会有这么一天，美国将承认自己在亚洲的权威减弱？目前看来，除非发生重大变故，在21世纪，除了美国，只有中国能够掌控世界，欧洲则将因为不够团结而被边缘化。由此，中美关系对于全球的未来而言将变成一场危险的博弈，毕竟两国的世界观差异过大，且日益倾向于寻求力量对比的相互平衡。中国在国际关系中日益进取的表现和国家实力的增强在寻求理想的青年人中培养起一种不稳定的民族主义，这种民族主义可以阐释为对抗美国的意愿。与此同时，中国也在学习如何承担起全球责任，积极参与敏感地区和领域的全球事务，如环境问题、防核扩散、地区冲突调停等等。未来中美关系走向如何？在研究了中国和美洲、中国和非洲，以及中国和欧洲之间的关系后，本书提出了三种可能的发展趋势：一是中国政治朝儒家民主发展；二是两国达成战略妥协，这将有助于朝鲜半岛和中国自身的和平统一；三是2030年后中美在亚太地区发生军事冲突。

Bernard Maréchal，法国中国问题专家。

Mbabia, Olivier. *La Chine en Afrique*: *histoire*, *géopolitique*, *géoéconomie*. Paris: Ellipses, impr., 2012.

中国在非洲：历史、地缘政治与经济

近20年来，中国在非洲的影响力以惊人的速度扩大。通过积极的外交与经济活动，中国势力正从多层面渗入这块大陆。务实的非洲政策为中国带来丰硕成果的同时也引发了质疑和批评之声。本书作者以比较客观的立场阐述和分析了中国在非洲的发展战略，对非洲的影响以及由此产生的问题。

本书共五章。第一章回顾了中非关系的历史与发展，从毛泽东时代的意识形态渗透，到改革开放后对中非关系的重新定位；第二章探讨了中国对非战略的多元性，包括中国的总体非洲战略，中非合作论坛的作用，以经济为切入点的非洲战略及其影响，中国援助非洲的动机和考虑；第三章分析了中国对非政策中存在的悖论，诸如怎样处理石油和武器等敏感问题？在苏丹问题上如何平衡无条件援助与国际社会的压力？怎样应对民主管理带来的危机？第四章描述了中国影响力在非洲的全面扩展，特别是软实力的展现；第五章用国际政治比较研究的方法，将中国与传统非洲势力——欧洲（特别是法国）和美国进行比较，将中国与印度两大新兴的非洲势力进行比较，讨论了欧洲对中非关系的认识，法国如何面对中非联盟，在非洲引发中美对抗的可能性，以及印度在非洲的力量是否被中国压制等具体问题。作者的结论是，中国开始参与非洲后殖民秩序的建立，但并未完全取代欧美在非洲的地位，而且中国的非洲战略也并非是万能的。

Olivier Mbabia，政治学博士，现任巴黎天主教大学（Institut Catholique de Paris）当代中国研究讲座的合作研究员。

Tourré, Brian. *De la "Francafrique" à la "Chinafrique": quelle place pour le développement africain?* Paris: L'Harmattan: Springer VS, 2012.

从"法国非洲"到"中国非洲":非洲发展境况如何?

尽管经济开始发展,但非洲仍长期处于欠发达状态,与当前全球发展有很大差距。该书着眼于去殖民化以来的非洲发展,研究非洲持续落后的原因,重点针对法国对非洲的政策和影响,以及中国在非洲日益增强的影响力。此外,本书还关注欧盟和美国在经济方面对非洲大陆的影响。作者认为,从"法国非洲"到"中国非洲"的变化或许是理解黑非洲发展现状的钥匙之一。

Brian Tourré,毕业于法国格勒诺布尔政治研究学院(l'Institut d'Etudes Politiques de Grenoble),研究法国和西方史。其家庭在法国殖民期间曾在非洲生活过,因此黑非洲始终是其优先研究对象。

Schmidt, Dirk; Heilmann, Sebastian. *Außenpolitik und Außenwirtschaft der Volksrepublik China*. Wiesbaden: Springer VS, 2012.

中华人民共和国的外交与外贸

近年来，中国贯彻积极的外交政策和对外经济政策，综合国力迅速发展，国际地位显著提高，对美国、欧洲和日本等国构成了重大挑战。西方世界也因此对中国疑虑重重：中国能在多大程度上承担其在国际社会中的责任？中国真的已经顺应了国际合作的游戏规则，还是在等待有利时机改写规则？中国是一个巨大的威胁还是值得合作的伙伴？本书就这些问题进行了深入探讨。两位作者通过对中国国内及国际社会的热点事件的分析，阐释了中国的外交和外贸政策，对外关系与对外经济发展状况，以及与之相关的国防政策、货币政策、气候政策和人权政策等等。通过对各项政策的分析，作者认为，对于中国政府而言，本国的经济增长和政权稳定比在国际社会中占统治地位更为重要。

作者在本书中尽量避免对所述内容做简单片面的评价，保持了较高的客观性。比如在《中国和国际人权政策》一章中，作者既介绍了中国政府采取的一些压制性措施，也介绍了中国促进人权发展的政策和规划，指出中国对人权的定义是西方世界关于人权的基本观点加上中国人对人权认知的混合物，但并没有做出孰优孰劣的价值判断。

Dirk Schmidt，德国特里尔大学（Universität Trier）高级督导，教授政治学专业之中国政治经济。

Sebastian Heilmann，政治学家，东亚政治、东亚经济政策和财政政策专家。德国特里尔大学教授、中国政治经济研究组组长。曾担任德国政府顾问。

经济·能源

Aglietta, Michel; Guo, Bai. *China's development: capitalism and empire.* New York: Routledge, 2012.

中国的发展：资本主义与帝国

中国正在进入一个深层结构变革阶段，本书在中国过去30年成功改革的基础上，探索中国发展的可持续性和中国的未来。结合中国经济史与最新宏观经济理论，本书展示了在国家主权下的资本主义发展过程中，经济转型与制度变迁是如何互动的。

本书内容分三部分，第一部分在20世纪中国帝制的终结以及政治斗争引发的社会动荡的背景中分析了中国结构性变化的走向；第二部分分析了过去30年改革取得成功的原因，以及未来改革发生突变的可能性；第三部分试图解答什么类型的政治经济才能使和谐社会的目标得以实现的问题。

Michel Aglietta，法国巴黎第十大学（University of Paris-X Nanterre）经济学教授。法国著名的货币学家、宏观经济学家，调节学派的创始人和代表人物，法国政府经济顾问。

Guo Bai，法国巴黎高等商学院（Hautes Etudes Commerciales Paris）博士研究生。

Alas, Ruth; Gao, Junhong. *Crisis management in Chinese organizations: benefiting from the changes*. Houndmills, Basingstoke, Hampshire; New York: Palgrave Macmillan, 2012.

中国企业的危机管理：从改变中受益

企业的发展会经历不同的阶段，既有规模效益增长的时期，也会遭遇危机和生死存亡的时刻。为什么企业会遭遇危机？危机是否能够避免？如何在较长时间内维持企业的出色表现和高利润？这些都是本书试图回答的问题。尽管欧洲和北美大部分国家都经历了经济衰退，但中国的经济一直在持续增长，这个事实使得中国企业危机管理值得研究。本书构建了企业危机管理的理论框架，并在此框架下研究了各类企业存在的不同危机。与中国企业的实际案例相结合，有助于读者深入了解中国企业文化和业务实践。

全书分为 12 个章节，分别为：危机管理简介；中国思想、经济和制度转型；危机类型；危机管理过程；危机合作；危机与企业生命周期的关系；危机管理、变革管理和创新管理；国家文化与道德；中国和爱沙尼亚企业危机管理的比较；中国企业危机管理案例；结论；启示。

Ruth Alas，爱沙尼亚商学院（Estonian Business School）管理系主任。主要研究领域包括变革及创新管理、危机管理、员工态度、学历能力、组织文化、领导力、企业伦理和公司社会责任。

Gao Junhong，爱沙尼亚商学院研究员，主要研究危机管理和企业伦理。

Anderson, G. E. *Designated drivers: how China plans to dominate the global auto industry*. Singapore: John Wiley & Sons, 2012.

代驾司机：中国如何谋划掌控全球汽车产业

中国是一个复杂的经济体，国家主导的计划经济和市场经济相结合，给中国带来了令人难以置信的增长和发展。如何解释中国既能保持威权政治体制，同时又能建立具有全球竞争力的产业是有难度的。作者通过聚焦中国的汽车产业为研究中国经济提供了独特视角，也对中国经济的微妙性提出新的见解。

作者对中国汽车产业进行了深入调研，走访了100多位行业专业人士，学者和政府官员，描述了中国从无到有、从计划到市场化的汽车产业的形成和发展历程。作者审视了中国汽车产业的各个方面，包括过去十年中的大型并购，中外合资企业和独立的中国汽车制造商。通过对比初创时期的中国、日本和韩国的汽车产业，阐释了中国产业规划模型成功和失败的主要决定因素，对企业所有权的性质、企业与政府的关系、中央—地方关系、企业创新能力、国外合作者所扮演的角色进行了很有意义的揭示。作者通过后毛泽东时代汽车产业的演变，审视中国产业经济，探讨国家参与是否是经济可持续增长的制胜法宝。书中还揭示了中国经济的长处和弱点，对于中国未来经济的发展提出了尖锐的问题。

G. E. Anderson，美国金融与中国政治经济专家，他的研究集中在工业计划，企业与政府关系和公司治理领域。

Aoki，Masahiko；Wu，Jinglian. *The Chinese economy：a new transition.* New York，NY：Palgrave Macmillan，2012.

中国经济：新的转型

迄今为止，中国经济的高速增长期比任何国家都要长。然而，一种新的共识也正在形成，即中国正在面临一个关键的转折点。本书辑录了全球众多知名经济学家关于中国经济的最新研究和观点，其中既分析了中国经济增长的动力和影响未来发展的因素，也对中国的经济政策和体制改革提出了中肯的建议。书中探讨的一系列议题，不仅涉及宏观和微观经济机制，而且涵盖人力资源发展、环境保护、以及政治对经济的影响等各层面的问题。本书是国际经济学联合会（International Economic Associations，简称 IEA）推出的系列丛书之一。

Masahiko Aoki（青木昌彦），美国斯坦福大学经济系日本研究荣休教授，斯坦福经济政策研究所（Stanford Institute of Economic Policy Research）高级研究员，弗里曼·斯波格利国际关系研究所（Freeman Spogli Institute for International Studies）高级研究员。

Wu Jinglian（吴敬琏），中国经济学家，国务院发展研究中心高级研究员，国家信息化专家咨询委员会副主任，国际经济学联合会荣誉主席。

Bagchi, Amiya Kumar; D'Costa, Anthony P. *Transformation and development: the political economy of transition in India and China*. New Delhi: Oxford University Press, 2012.

中印两国过渡政治经济的转型与发展

在绝大部分发达资本主义国家被一场严重的金融危机拖住了发展脚步的同时，世界上两个人口最多、经济发展速度最快的国家，中国和印度，却对世界经济重组做出了重要贡献。但不容忽视的是，处于转型期的中印两国仍然被很多问题所困扰，包括严重的农村贫困问题、前所未有的不平等现象，对出口导向型经济的依赖、残酷的土地掠夺开发以及各种形式的裙带资本主义等。

本书对中印两国政治经济状况进行了广泛探讨与分析。书中收录了由著名政治经济学家撰写的12篇论文，内容涉及中印两国转型与发展的五大关键主题：农业；储蓄与投资；工业、出口和全球金融；不平等问题；科技。本书通过跨学科研究和多层次分析，对中印两国的转型与发展进行了评估，为研究两国发展机制提供了独到的见解，也对东西方关系、南北关系以及区域平衡问题进行了探索。

Amiya Kumar Bagchi，经济学教授，印度加尔各答发展研究所（Institute of Development Studies Kolkata）所长。

Anthony P. D'Costa，印度研究教授，丹麦哥本哈根商学院（Copenhagen Business School）国际经济管理系亚洲研究中心研究主任。

Cabestan, Jean-Pierre; Di Meglio, Jean-François; Richet, Xavier. *China and the global financial crisis: a comparison with Europe.* Abingdon, Oxon; New York, NY: Routledge, 2012.

中国与全球金融危机：与欧洲的比较研究

本书聚焦中国在2007—2008年全球金融危机中采取的应对措施，包括货币政策、税收改革、刺激内需等，并以欧洲为参照系，分析了中国在国际经济舞台上地位上升的原因，以及欧洲对中国经济发展的反应和态度。本书还对中国日益提升的区域地位进行了评估，对中国的地区作用、中日对话、中国对东南亚的定位，以及中国持续增长的对外投资引发的问题进行了探讨。

Jean-Pierre Cabestan，香港浸会大学政府与国际研究系教授、主任。

Jean-François Di Meglio，法国亚洲中心（Asia Centre）主席。

Xavier Richet（李国维），法国巴黎第三大学（新索邦大学）（Université Paris III/Université Sorbonne Nouvelle）经济学教授。

Doctoroff, Tom. *What Chinese want: culture, communism, and China's modern consumer*. New York: Palgrave Macmillan, 2012.

中国人想要什么：文化，共产主义与中国现代消费者

作者在本书中探讨了21世纪诸多文化、政治和经济力量对中国人的影响，以及对商人、企业和市场的意义。为了解除人们的普遍误解，作者提供了需要西方人了解的中国文化背景，即中国企业和中国消费者与西方迥异的世界观，其中包括，为什么家庭和社会稳定优先于个人的自我表达，中国人为何能够容忍损害人权、盗版猖獗和普遍的腐败行为，影响和驱动中国企业、地方政府和国家决策的历史文化等等。作者反驳了诸如民众骚乱会动摇中国共产党的领导，美国式的个人主义正在中国蔓延，中国人只在乎钱，中国消费者令人难以理解等观点。作者指出，"几千年来，中国根本的文化模式基本没变"。目前中国在做的是"重新发现那些构成其独特性的价值观"。

Tom Doctoroff（唐锐涛），智威汤逊—中乔广告有限公司大中华区首席执行官。上海市政府颁给外国侨民的最高荣誉——白玉兰政府纪念奖（the Magnolia Government Award）获得者，从事中国市场相关工作20余年。

Knight, John B.; Ding, Sai. *China's remarkable economic growth*. Oxford: Oxford University Press, 2012.

中国经济的显著增长

中国经济如何在近30年维持了每年不低于10%的惊人增长？本书综合经济理论、经验估测和制度分析，试图回答这一当代经济学家感兴趣的重大问题。政治经济学的理论和方法是本书的研究基础，针对中国是如何成为一个“发展型国家”并长期维持这一状态的，中国的快速增长是否能继续保持等问题，本书将各种可能的发展障碍都列入考察范围，包括宏观经济失调、世界经济衰退、金融或银行业危机，以及显著持续的不平等现象和其他社会不稳定因素。在对中国经济增长的内在决定因素进行了分析之后，作者还提出了一系列伴随经济发展而来的相关问题：不平等现象为何以及是如何产生的？经济增长是否提升了人民的幸福感？压倒一切的保增长目标将付出怎样的社会成本？

John B. Knight，英国牛津大学（University of Oxford）经济学荣誉教授。

Ding Sai，英国格拉斯哥大学（University of Glasgow）经济学讲师。

Lewis, Joanna I. *Green Innovation in China: China's wind power industry and the global transition to a low-carbon economy*. New York: Columbia University Press, 2012.

中国的绿色创新：中国风电产业与全球低碳经济转型

作为世界上最大的煤炭生产与消费国，中国似乎并非发展风电产业的天堂。然而，仅仅十年前还不过是维护着几台从欧洲和美国进口的风力涡轮机的中国，如今已成为世界最大的风力发电市场，所有的涡轮机也几乎都由本国工厂生产。这一转变揭示了中国领导人是如何应对国内能源挑战以及日益凸显的气候变化问题的。中国风能使用升级说明中国有能力在清洁能源技术上跃进，这也为其他希望绕过渐进式工业化以及碳氢密集型能源开发的发展中国家提供了一个选择。

作者在本书中重点关注了中国开展国际技术转让的具体方法，参与国际合作与竞争的模式，以及为推动国内产业发展而实施的有效政策。通过对中国风电产业巨大成就的实证研究，以及在其他地区复制中国模式的可能性的探讨，本书有助于读者更深入地从理论角度来理解中国的技术创新体制及其在当前和未来的全球经济中扮演的角色。作者认为，尽管可能面临挫折，中国有朝一日将主宰全球风力涡轮机销售，成为技术创新的核心，以及低碳经济转变的推动者。

Joanna I. Lewis，美国乔治城大学外交学院（Edmund A. Walsh School of Foreign Service, Georgetown University）科学、技术与国际关系专业助理教授，曾在多个政府组织和非政府组织任职。

Ma, Hengyun; Oxley, Les. *China's energy economy: situation, reforms, behavior, and energy intensity*. Berlin; New York: Springer, 2012.

中国能源经济：形势、改革、表现与能源强度

在21世纪，理解中国的能源经济对于政治家、商业人士和能源经济学家尤为重要，因为中国的能源政策对世界而言，不论从消费还是投资的角度来说，都意味着挑战和机遇。

本书首先回顾了中国能源经济相关研究文献，指出这些文献或已内容过时，或忽视了诸多重要领域。本书的研究特色体现在几个方面，首先，本书的部分创新性研究内容曾在高端能源研究期刊上发表过；其次，本书采用新的经济计量学方法，首次将中国能源的强度变化划分为预算限制、技术变化、能源需求和经济增长等几个方面；其三，本书提供了很多不同以往的经济计量学调研结果。此外，本书也为对中国能源经济、世界能源市场和全球环境与气候议题感兴趣的读者提供了很多易于理解的新信息。

Ma Hengyun（马恒运），河南农业大学教授、博士生导师，长江学者。

Les Oxley，新西兰怀卡托大学（University of Waikato）管理学院经济学教授。

Nie, Winter; Dowell, William; Lu, Abraham. *In the shadow of the dragon: the global expansion of Chinese companies – and how it will change business forever*. New York: AMACOM, 2012.

在龙的阴影下：中国公司的全球扩张以及对商业的永久性改变

"中国制造"这一标签长期挤压着美国低端制造业的生存空间，这已是人所共知的了。人们尚不清楚的是，现在中国的全球扩张又向前推进了一大步，中国企业已经进入科技、金融、交通、能源等高端市场，并日渐形成跨国集团规模。

本书是对中国最具竞争力的公司进行研究的成果，主要案例包括可口可乐—汇源果汁并购案、TCL并购汤姆森公司、联想收购IBM笔记本业务、海尔公司打入美国零售市场、中国的清洁能源发展等。基于对中国商业领袖的访问和商业案例研究，本书提供了对争取市场支配权的战略洞见，对中国全球扩张路径的理解，对中国创新方式的分析，以及与中国公司打交道的建议。此外，书中还探讨了中国公司的全球扩张对中国和世界的意义。

Winter Nie，瑞士洛桑国际管理发展学院（International Institute for Managerial Development，简称IMD）教授，中国当代企业研究专家。

William Dowell，曾任美国《时代周刊》（*Time Magazine*）记者。

Abraham Lu，曾任国际发展管理学院研究助理。

Nolan, Peter. *Is China buying the world*? Cambridge, UK; Malden, MA: Polity Press, 2012.

中国要买下世界?

中国已经成为世界第二大经济体和最大的商品出口国，拥有世界上最多的外汇储备，在世界500强公司中占据了29个席位。全球媒体都在讨论“中国崛起”的话题，一些文章甚至认为：中国正在用它的金融资源“购买世界”。本书作者对此给出了否定答案。作者认为，20世纪70年代以来，全球商业革命导致了前所未有的工业化集中程度，一些来自发达国家、拥有先进技术和知名品牌的大公司对发展中国家，特别是对中国的投资显著增加，跨国公司占据了中国高新技术产出的三分之二和高新技术出口的90%以上，外国企业已经深深扎根于中国商业体系之中。与此相反，中国企业在发达国家的市场份额却非常有限，中国70多家龙头企业多为国有，或者以其他方式获得了政府扶持。这些企业主要分布在金融、矿产、石油、电力、建筑、运输和通讯领域，它们是高新技术产品的使用者而非生产者，其发展主要依赖于国内市场的快速增长。虽然中国试图培养一批拥有先进技术、自主品牌，并具有全球竞争力的企业，但目前看来，这一目标还远未实现，未来能否实现亦需拭目以待。

Peter Nolan，著名经济学家，英国剑桥大学嘉治商学院（University of Cambridge Judge Business School）终身教授、发展研究中心（Centre of Development Studies）主任。

Rein, Shaun. *The end of cheap China*: *economic and cultural trends that will disrupt the world.* Hoboken, New Jersey: John Wiley & Sons, Inc. , 2012.

廉价中国的终结：颠覆世界的经济和文化发展趋势

由于中国劳动力成本低廉，很多美国人对中国的了解还停留在廉价商品生产地的阶段。但是当今的中国不仅在生产，也在消费苹果手机，这意味着廉价劳动力资源正在走向枯竭。本书作者结合自身在中国生活的经历和可靠的经济数据近距离考察了中国从制造者到消费者的角色转变，审视了中国社会各阶层的变化。作者的访谈对象从中国的亿万富翁、政府官员到农民工。从快速发展的中国公司，到自信乐观的中国女性在政府中扮演的角色，本书用一个章节关注中国转型的一个方面。作者在书中总结出了催生转变的八大趋势，指出中国作为廉价消费品制造中心的时间已屈指可数，而这将对美国式的消费驱动的生活方式构成挑战。作者还就公司企业应如何去适应未来新的世界格局给出了明确建议。

Rein Shaun（雷小山），中国问题战略咨询专家，中国市场研究集团（China Market Research Group）创始人、董事总经理。全球知名经济、金融类报刊撰稿人。

Silverstein, Michael J.; Singhi, Abheek; Liao, Carol; Michael, David. *The $10 trillion prize: captivating the newly affluent in China and India*. Boston: Harvard Business Review Press, 2012.

10 万亿美元的奖赏：抓住中国和印度的新贵消费阶层

中国和印度两国迅速增长的消费市场正在左右着世界经济的发展。在未来的十年中，预计中印两国的中产阶级消费群体总数将接近十亿。到 2020 年，68%的中国家庭和 57%的印度家庭将会达到中产阶级生活水平甚至更高层次。尽管中印两国的新贵们已经成为世界上汽车、手机和其他很多商品的最大买家，但他们仍然渴望更多的产品和服务。据波士顿咨询公司团队估算，到 2020 年，中国和印度的消费者将会产生大约 10 万亿美元的年消费支出。

本书的分析建基于波士顿咨询公司（创建于 1963 年，世界四大咨询公司之一）在 2011 年对全球 24000 名消费者展开的调查和大量实地访谈数据，对即将改变全球市场的中印两国新兴中产阶级的面貌进行了全面勾画，描绘了中印两国即将到来的消费热潮。此外，本书还具体分析了这一消费群体的社会身份、消费观念、购买意向和消费需求的变化。

Michael J. Silverstein，美国波士顿咨询公司（Boston Consulting Group，简称 BCG）高级副总裁。

Abheek Singhi，波士顿咨询公司资深咨询专家。

Carol Liao，波士顿咨询公司大中华区董事总经理。

David Michael，波士顿咨询公司资深专家。

Walter, Carl E.; Howie, Fraser J. T.. *Red capitalism: the fragile financial foundation of China's extraordinary rise.* [Revised Edition.] Singapore; Hoboken, N. J.: Wiley, 2012.

红色资本主义：中国奇迹背后脆弱的金融基础（修订版）

与大多数分析中国经济的著作不同，本书没有一味堆砌宏观经济数据，而是凭借两位作者在中国金融和资本核心领域工作数十年的经验，解读了中国的经济体系如何在30年间从无到有，并逐步发展成今天这套复杂多变的经济机制。作者认为，当今中国有两套经济体系并存，一是集中在广东省和长三角地区的、由外资企业和私人企业主导的经济体系，70%的外商直接投资和出口贸易集中在此，创造了令人瞩目的经济成就。另一套经济体系是由国有企业主导的"体制内"经济，是中国的政治经济，中国的财政、物资和人力资源，甚至改革开放政策，一直都在为这套经济体系服务。在本书中作者还深入探究了中国金融机制，阐述了中国独特的经济模式——正是这一模式将中国推到了世界经济强国的位置——背后的社会和政治影响因素；对中国的快速崛起是否真的与其外在声誉相匹配提出质疑；根据最新数据和前沿信息重新描绘了中国未来发展的轮廓。

本书是2011年出版的同名著作的修订版，在这本经过修正和补充的新版著作中，作者试图对21世纪是否属于中国这个问题给出自己的答案。

Carl E. Walter，在中国居住20年，是中国国际金融公司管理委员会成员，积极参与过多项中国金融改革。在1992年中国首次海外公开募股，以及1994年中国国有企业登陆纽约股票交易市场的过程中发挥了重要作用。

Fraser J. T. Howie，专注亚洲股票市场交易、分析和写作达20年。1998年移居中国后曾在中国国际金融公司销售与贸易部门工作。现在新加坡任职。

相关版本

Walter, Carl E.; Howie, Fraser J. T.. *Red capitalism: the fragile financial foundation of China's extraordinary rise.* Singapore: John Wiley & Sons (Asia); Hoboken, NJ: Wiley, 2011.

Wedeman, Andrew Hall. *Double paradox: rapid growth and rising corruption in China.* Ithaca: Cornell University Press, 2012.

双重悖论：中国的经济腾飞和腐败蔓延

人们普遍认为，不断增长的腐败现象会拖累经济发展，但对于中国来说，从1978年到2010年，虽然贪污公款、收受贿赂、索要回扣等腐败问题层出不穷，中国的经济却仍持续高速增长。本书试图探究和阐释中国的腐败问题与经济增长何以能够长期并存。

作者认为，中国经济能够在严重腐败的社会环境中依然得以发展，主要原因在于腐败的大规模蔓延发生在改革开放带来的经济高增长之后。中国的经济改革说到底是产权从国家向市场转移的过程，而腐败就是在这一过程中人们抢夺暴利的副产品。此外，中国的反腐运动也有效地防止了腐败问题的进一步恶化失控。在分析研究了中国大陆30年来的相关数据，以及韩国、中国台湾、赤道几内亚、非洲和加勒比海沿岸国家腐败与发展的关系后，虽然作者对中国的发展持乐观态度，但同时也指出，经济的快速增长不仅需要持续的反腐，还要加强和巩固私人产权。从长期来看，中国政府如果没有成功遏制腐败，那么贪腐即使不会导致中国的经济崩溃，也会变成拖累经济增长的主要因素，中国的反腐任务仍然复杂而艰巨。

Andrew Wedeman（魏德安），廉政研究专家，美国乔治亚州立大学（Georgia State University，简称GSU）政治学系教授。致力于中国腐败问题研究十余载。

Zhao, Hong. *China and India: the quest for energy resources in the twenty-first century*. Abingdon, Oxon; New York: Routledge, 2012.

中国与印度：21世纪的能源博弈

本书的论题包括：能源安全的新定义是什么？中国和印度在能源方面关注哪些问题，以及他们在这些问题上采取的政策和措施是什么？由于中国和印度都在中东、非洲和东南亚谋求石油，这是否会与其他能源需求大国，如美国、日本形成冲突？两国日益增加的海外活动是否会挑战美国对能源富足地区的政策？本书深入分析了未来可能形成的新的全球能源秩序，也对国家中心模式和市场导向模式在全球能源争夺战中的作用进行了探讨。此外，本书还探索了中印两国在能源问题上互惠合作的可能性。

Zhao Hong（赵洪），新加坡国立大学东亚研究所高级研究员。

Cucino, Davide. *Tra poco la Cina*: *Gli equilibri del mondo prossimo venture*. Torino: Bollati Boringhieri, 2012.

不久之后就是中国：未来世界的平衡

在毛泽东去世两年后的1978年，邓小平开始推动一系列改革。经过30多年的发展，中国已经从当时处于国际政治格局边缘的落后国家，崛起成为世界经济的主导力量。

本书从经济和文化角度阐述了中国的快速发展历程，分析了中国软实力的成因及其影响。作者指出，中国不仅试图维护其经济利益，致力于寻求并确保发展所需资源，让14亿国民切身感受到作为一个超级大国国民的地位，而且在国际交往中，中国也注重自身的文化利益。与西方国家相比，中国采用了不同的策略，这一过程虽然存在各种各样的问题，但中国在很短的时间内已经取得了成功，并且在全球施加了影响。与美国相比，中国也许在军事方面还比较落后，但在这个迅速发展变化的年代，未来中国肯定将发挥全球主导作用。

Davide Cucino，意大利汉学家，中国欧盟商会主席。1980年代后期曾在北京居住和工作，并作为顾问帮助多家国外公司进入中国市场。

Atout France. *Analyse du potentiel touristique de la classe moyenne chinoise: pour l'Europe et la France.* Paris: Atout France, 2012.

中国中产阶层赴欧赴法旅游潜力分析

对于法国以及法国的各主要旅游景区而言，金砖国家的新兴中产阶层是重要的潜力股。如今，中国中产阶层的储蓄和工资水平已经能够满足其出国旅游的需要，预计到2020年将有1亿中国人出国旅游。为了提供更贴心的旅游产品，深入了解这个市场及其发展前景是非常必要的。

本书采用定量和定性兼顾的研究方法，广泛征询了消费者和行业专家的意见。在此基础上就以下几方面进行了分析和评估：对未来几年中国中产阶层赴欧赴法旅游增长潜力的评估；对该群体的旅游期望及其发展条件的分析；该群体对法国的认知；航线开通现状及旅游产业主要参与者的定位。最后，本书为接待中国游客赴法旅游相关产业发展提出了具体建议。

Atout France，法国旅游发展署。

Dufour, Jean-François. *Made by China: les secrets d'une conquête industrielle*. Paris: Dunod, 2012.

中国创造：产业征服的秘密

中国对西方经济体而言是一个威胁么？答案当然是肯定的，中国“世界工厂”的地位就是证明。不过如今有越来越多“中国创造”而非“中国制造”的冰箱、手机和光伏电池出现，这些产品由中国本土团队设计并生产，“中国创造”的领域还涉及汽车、航空客机和高铁。

本书采用新闻体裁，再现正在征服或准备征服世界市场的中国产业新巨头的迅速崛起。本书篇章包括：一个彻底颠覆的开端；中国纺织业的新老板；电子业巨头的进化；家用电器业的新参考；电信业竞争；在新科技的中心；未来汽车业巨头会是中国企业么；快速适应；全球航空业第三大巨头；独特的石油企业；新勘察者；如何应对中国挑战？

Jean-François Dufour，法国艾克斯—马赛大学（Aix-Marseille Universite，简称 AMU）副讲师，中国分析网站（www. chine-analyse. com）编辑，曾任《亚洲杂志》等报刊记者。

Tournay-Tibi, Michaela; Dano, Aurélie; Aranda-Happe, Elodie; Péligry, Yves. *Le défi énergétique de la Chine: comment la Chine prépare-t-elle son avenir énergétique*? Paris: l'Harmattan, 2012.

中国的能源挑战：中国如何规划其能源未来

伴随中国惊人的经济增长而来的是巨大并持续扩大的能源需求。2006年，中国成为世界主要污染国之一；2009年，首次超过美国成为世界第一大能源消耗国。短短几年间，中国从能源自给自足变成了严重依赖进口。能源供给已然成为中国政府重点关注问题，成为经济、外交、社会和环境等各方面都要面对的挑战。通过对诸多影响要素以及中国和国际能源政策的分析，本书向我们揭示了中国将如何长期确保自身能源供应的安全，对中国能源的未来进行了深入思考。

本书内容分为三章，第一章探讨中国的能源需求和压力，通过关键数据解读能源需求及其发展，从自然资源储量和环境污染破坏两方面解读能源压力；第二章从目标、市场、措施、行业组织和参与者等几方面分析中国的能源政策；第三章讨论了中国的能源需求对中国国际关系的影响。

Michaela Tournay-Tibi，毕业于巴黎第九大学（l'université Paris-Dauphine）和埃克斯—普罗旺斯企业管理学院（l'IAE d'Aix-en-Provence），现供职于法国威立雅环境集团（Veolia Environnement）。

Aurélie Dano，毕业于法国里昂高等管理学院（EMLYON business school），致力于新兴国家和发达国家贫困人口对基本物资和服务的获取问题研究。

Elodie Aranda-Happe，法国公共工程学院（ESTP Paris）工程师，专业建筑能源效能顾问。

Yves Péligry，智能网行业能源效能公司 Ecosense 创始人。

Merz, Felix. *Die Arbeitsbedingungen der chinesischen Wanderarbeiter: eine Analyse am Beispiel des Apple-Zulieferers Foxconn.* Hamburg: Diplomica-Verlag, 2012.

中国农民工的工作境况：以富士康公司为例

作为世界最大的电子产品专业制造商，富士康公司已成为中国经济发展模式的一个缩影。2010 年以来，富士康接连发生农民工跳楼事件，社会各界开始反思富士康的发展模式。目前学界针对中国农民工问题的研究一般都从经济学、社会学或人口迁移等角度展开。本书作者独辟蹊径，从组织理论中的科学管理理论入手，以具有代表性的富士康公司为例来探讨中国农民工问题。

科学管理理论为理解中国经验提供了理论依据，同时，中国经验也对这一理论提出了新的问题和挑战。比如，在科学管理中，资本家以科学的名义，通过科学管理和科技革命，逐步剥夺了工人对于劳动过程的控制。而在中国，这个逻辑却不尽相同。随着由再分配经济向市场经济的转型，在单纯追求经济增长的动机下，当劳资双方发生冲突时，地方政府出于发展经济的考虑，往往会倾向于资本一方；而《劳动法》等保护性法规很大程度上仅停留在纸面上；再加上工会的无力甚至缺席，以及社会自组织机制的不发育——国家干预和社会自我保护的缺失，造成了中国工人在与资本的利益博弈中天然地处于劣势。

Felix Merz，任职德国米特韦达应用科技大学（Hochschule Mittweida University of Applied Sciences）。研究领域是亚洲经济圈的文化和经济，特别是中国文化和经济。

历史 · 文化

Ang, Audra. *To the people, food is heaven: stories of food and life in a changing China.* Guilford, Conn. : Lyons Press, 2012.

民以食为天：发生在中国的食物与生活的故事

“吃了吗?”是一句广为人知的中文问候语，无论贫富，对中国人而言，“吃”绝非仅是糊口的例行公事，而是马虎不得的大事。中国俗话说，民以食为天。作者以中国的饮食文化和社会生活为主轴，撰写了一系列精彩故事。本书的主要关注点是中国的饮食，但它又不仅仅是一本单纯的关于食物和烹调的著作。作为一名外国记者，作者在走过中国许多地方、采访了许多中国人之后，通过本书来分享她的经历和感受。作者将食物和普通中国人的生活联系在一起，讲述了饮食背后的故事，以真实生动的笔触展示了能够填饱肚子，更能慰藉心灵的食物是如何成为中国人生活中最重要的部分。要了解中国人的心，得先了解他们的胃，本书以崭新的观点，透过日常生活的大事——吃，切入不断蜕变中的中国，解构这个新兴经济强权的文化背景和饮食艺术。

Audra Ang，曾任美联社驻京记者。

Angle, Stephen C. *Contemporary confucian political philosophy*. Cambridge, UK; Malden, Mass.: Polity, 2012.

当代儒家政治哲学：进步儒学概论

近年来，儒家政治哲学在国内外思想界已经成为一个热门的研究领域，本书作者既深谙儒家传统，亦精通西方哲学。他以通俗易懂的语言向读者介绍了当下这一研究领域的主要观点和争论，对如何用当代儒家思想解释当今的社会问题提出了独到的见解，论证了“进步儒学”的光明前景。本书主要探讨了儒家的德、法思想。作者认为中国著名哲学家、新儒家代表人物牟宗三（1909—1995）提出的“自我坎陷（良知坎陷）说”非常值得提倡。该学说的核心思想是，我们个人的道德所追求的进步必须受到法律和人权的限制，即使是圣人，也必须遵守法律。政治价值虽然始于道德，但应有其独立地位，亦即礼、法要分开。作者以牟宗三的学说为出发点，探讨了政治权威与合法性、法治、人权、礼仪以及社会公正等问题。其探讨既反传统但又没有抛弃传统的美德与和谐理念，既保留了儒学中的一些核心价值，又没有被这些价值所束缚或压制。儒家思想只有不断适应新的环境，成为活的传统，才能得以持续发展。

Stephen C. Angle（安靖如），美国著名汉学家，精通中文与日语。现任美国卫斯理大学（Wesleyan University）哲学教授。

Buchanan, Tom. *East wind: China and the British left*, 1925 - 1976. Oxford: Oxford University Press, 2012.

东风：中国与英国左翼，1925—1976

英国左翼与中国的关系在中英关系研究中往往被忽视，但事实上，20 世纪 20 年代中期、30 年代末期和 50 年代早期发生在中国的许多事件都引起了英国左翼的关注。如今的中国作为一个强大的经济体正在日渐崛起，而英国左翼早就已经意识到中国蕴藏的巨大潜力，认为这种潜力的爆发最终将影响整个世界。

本书基于史料档案，详实地记录了从近代中国民族主义兴起到毛泽东逝世这段时间内，英国左翼与中国的联系。作者从 20 世纪 20 年代中期的"放开中国"运动写起，描述了 1931 年至 1945 年间英国国内兴起的支持中国抗战的思潮，到 1949 年后，特别是在中苏论战和文化大革命使得中国共产党逐渐丧失国际支持的背景下，中英关系的发展以及英国左翼在其中扮演的角色。本书不仅对英国左翼政党和利益团体的作用进行了解读，还关注到诸多支持中国的英国著名人士，包括哲学家伯特兰·罗素、经济学家 R. H. 托尼以及生物化学家和科学技术史研究专家李约瑟等。此外，本书还描述了一些不太为人熟知的人物和事件，展现了中英两国间的私人外交。

Tom Buchanan，任职于牛津大学（University of Oxford）继续教育系，英国皇家历史协会（Royal Historical Society）会员。

Cassel, Pär Kristoffer. *Grounds of judgment: extraterritoriality and imperial power in nineteenth-century China and Japan.* Oxford; New York: Oxford University Press, 2012.

判决理据：19 世纪中国和日本的治外法权与皇权

19 世纪，东亚与西方世界遭遇了一场法律的碰撞，那些由各国外交官们出面协商签订的、主要集中于贸易领域的商业条约不仅确立了包括英国、法国和美国在内的西方国家与明治时期的日本、清代的中国和朝鲜时代的韩国之间的关系，也创建了一种新的法律秩序，在为东亚的西方旅居者制定规则的同时，也给予他们在地方法律审判中几乎完全的豁免权，最终成为西方控制亚洲的跳板。而不平等条约对东亚与西方的关系产生了长久的影响，使得亚洲一直以来对国际法和国际组织心存疑虑。这些治外法权的规定虽然在各国条约文本中看起来相似，但在实际操作层面上在东亚各国有截然不同的发展轨迹。通过分析中文、日文、满文以及若干欧洲语言的一手资料，作者在本书中探讨了治外法权问题及其在日本和中国的执行情况，20 世纪前的中日关系以及中国、日本和西方的三边关系。

Pär Kristoffer Cassel，美国密歇根大学（University of Michigan）历史系助教。

Chen, Janet Y. *Guilty of indigence: the urban poor in China*, 1900 - 1953. Princeton, N. J.: Princeton University Press, 2012.

贫穷之罪：中国的城市贫民（1900—1953 年）

本书是一部中国社会救助史研究著作，其中也不乏社会文化史和政治文化史的视野。20 世纪早期的中国正处于政治动荡、社会巨变时期，贫穷成为全国性的焦点问题。从清末革新到共产党的社会主义改造，通过对大量档案资料的解读，作者在本书中着力解答了这 50 多年中有关贫民救济的两个基本问题，一是将贫穷视作社会问题这一观念是如何产生和演变的；二是随着上述观念的演变，国家和社会对贫民的救济（或曰治理）方式经历了怎样的变化。

全书主体共分为六个部分，第一章考察了贫穷作为社会问题这一观念产生的社会背景；第二章解释了民国初期欧美社会学对贫穷的知识界定如何最终成为中国政府和政治文化精英对贫民进行“科学救济”的理论基础的历史过程；第三到六章依次考察了北伐后国民政府时期、中日战争时期、抗战后和国共内战时期，以及共产党接管北平和上海后两地的社会救济情况。今日中国，贫穷虽已不是焦点问题，但依然是深刻的社会问题，是引发社会保障、社会平等、社会公正等焦点问题的根源，历史上解决此问题的经验教训依然具有现实指导意义。

Janet Y. Chen（陈怡君），美国普林斯顿大学（Princeton University）历史系与东亚研究系助理教授。

Clark, Paul. *Youth culture in China: from Red Guards to netizens.* New York: Cambridge University Press, 2012.

中国青年文化：从红卫兵到网民

中国青年（14—26岁）的生活和抱负在过去的50年间发生了根本性的改变。本书围绕三个历史关键点——1968、1988和2008年来审视中国青年文化的变迁。作者描述了文化大革命时代红卫兵和上山下乡的青年们是怎样为自己开创了一片天地，并在严格的政治管控下坚持自我身份认同；20世纪80年代末中国式摇滚乐、体育运动和其他娱乐方式怎样影响中国青年的身份认同；21世纪互联网怎样成为中国青年迷恋的广阔表达空间。自1960年代至今，全球青年文化不断被中国青年改造以满足其需求。本书是一部涉及历史学、社会学、人类学和政治学的跨学科研究著作，作者将“文化大革命”置于中国青年文化变迁这一语境中进行了反思。

Paul Clark，新西兰奥克兰大学（University of Auckland）亚洲研究学院中文教授。

Goldman, Andrea S. *Opera and the city: the politics of culture in Beijing, 1770 – 1900*. Stanford, California: Stanford University Press, 2012.

戏剧与城市：北京的文化政治（1770—1900年）

在中华帝国晚期，戏剧是超越社会等级的各阶层生活和文化中不可或缺的部分。戏剧穿越时空，传递着关于自我、家庭、社会和政治的观点。清帝国的都城北京汇聚了形形色色的戏剧流派及其观众，相应的，北京也借助戏剧演出成为传播文化价值观的枢纽。正是在这样的背景之下，本书作者试图通过戏剧这个镜头透视城市文化史。她细致又不乏幽默地描述了当时戏剧类型的多样性，戏剧表演折射出的民族的紧张关系和文人的不满情绪，戏剧模糊了社会生活和个人生活的界限，为暂时挣脱性别和阶级的禁锢提供了一个舞台。通过考察清代北京的戏剧活动，本书揭示了国家及其下属地方如何分享戏剧文化，并通过操纵戏剧文化来达到自己的统治目的。鉴于北京的政治影响力，作者对北京戏剧活动的分析清楚地显示出清帝国转型的起步。

Andrea S. Goldman，美国加州大学洛杉矶分校（University of California, Los Angeles）历史学副教授。

Griffiths, Billy. *The China Breakthrough*: *Whitlam in the middle kingdom*, 1971. Clayton, Vic.: Monash University Publishing, 2012.

突破：1971 年惠特拉姆在中国

1971 年 6 月，澳大利亚反对党领袖惠特拉姆开始了他的亚洲之旅。其时，中华人民共和国对于澳大利亚而言还是一个未知的禁区，有关中国的各种争论、想象和揣测甚嚣尘上，冷战思维根深蒂固。然而当惠特拉姆结束出访后，这种争论发生了不可逆转的改变。在中澳两国建交 40 周年之际，本书的出版旨在追忆那段历史。书中记述了惠特拉姆 1971 年的中国行，揭示了外交史上这一重要事件背后的秘密活动，分析了惠特拉姆此行的政治影响及其在文化和外交方面的深远意义。本书认为，此访是澳大利亚与亚洲关系史上的关键事件，是对美澳关系的一次深刻考验，也是澳大利亚反对党外交政策的一个经典案例。

Billy Griffiths，历史学家，澳大利亚悉尼大学（University of Sydney）古典与古代史学系教师。

Hansen, Valerie. *The Silk Road: a new history*. Oxford; New York: Oxford University Press, 2012.

丝路新史

关于丝绸之路的研究有很多，作者提出了不同以往的观点。过往的研究大多认为丝绸之路上贸易频繁，作者抛弃这些成见，给出了“一个最不可能的假设：丝路上一个孤独的人骑着一匹运载丝绸的骆驼的画面”，以此对传统观点提出质疑，继而展开实证研究。作者将丝路历史分作四个阶段，公元前后、3至4世纪、6至8世纪和9至10世纪，对出土于悬泉、尼雅、楼兰、吐鲁番、撒马尔罕的穆格山、敦煌等地的出土材料进行分析后得出结论：丝绸之路上的贸易活动是很有限的，丝路贸易对沿途各地的社会经济产生的影响也很小。行走在丝绸之路上的不仅有商人，还有军队、艺术家、传教士、难民和使节，丝绸之路最重要的作用是促进了文化交流，传播了思想、科技和艺术风格。本书作者是研究早期丝绸之路的深受尊重的学者，本书的写作是基于中亚考古发掘出来的新资料。

Valerie Hansen（韩森），美国耶鲁大学历史学教授。其代表作中译本包括《开放的帝国：1600年前的中国历史》（*The Open Empire: A History of China to 1600*）、《传统中国日常生活中的协商：中古契约研究》（*Negotiating Daily Life in Traditional China: How Ordinary People Used Contracts, 600—1400*）等。

Justice, Lorraine. *China's design revolution.* Cambridge, Mass.: MIT Press, 2012.

中国设计革命

中国正处于设计革命的边缘。20 世纪 80 年代对外开放时期长大成人的新中国“第三代”正在为名望、财富和表现自我而奋斗，这一代人正值三四十岁的年龄，他们成长在毛泽东与孔子、共产主义与资本主义、爱国主义与世界大同等各种思想混杂的时代，他们拥有比其祖辈和父辈更多的创作自由和消费自由。在“第三代”追求自我实现的时候，中国政府为了拉动经济增长，对国家和地方层级的设计和创意活动（包括设计教育项目，创意园区和创新私营企业）给予大力支持和投入，以期使中国成为一个全球创造力强国。在天时地利的条件下，“第三代”必将引领中国乃至世界的设计与创意文化发展。

从古代陶瓷技术到共产主义宣传海报，作者在书中列举了众多中国设计和创意领域的例证，探索了当下中国优秀媒体、时尚、图形、室内和产品设计项目，检视了正值十几、二十岁的中国“第四代”的生活方式和消费趋势，进而为中国设计革命的演进绘制了蓝图。

Lorraine Justice，美国罗彻斯特理工学院影像艺术与科学学院（College of Imaging Arts and Sciences at Rochester Institute of Technology）院长。

Knüsel, Ariane. *Framing China: media images and political debates in Britain, the USA and Switzerland*, 1900 – 1950. Farnham, Surrey, England; Burlington, VT: Ashgate, 2012.

构想中国：1900—1950年间英国、美国和瑞士媒体中的中国

在这本具有开创意义的书中，作者通过仔细分析大量此前未被研究过的报纸、杂志、漫画和短片中有关中国的报道、评论、图片和影像，解读了1900至1950年间英国、美国和瑞士对中国的认识和态度。尽管这些媒体都是以“黄祸”和“赤色威胁”为核心思想来描述中国，但各国描绘出的中国形象还是有所差异的，其原因在于各国塑造的中国形象受到本国国内事务、文化价值取向、思维模式、压力团体和地缘政治目的的制约。作者借此论证了国家利益、辩论焦点等因素对中国形象构建的影响。

Ariane Knüsel，瑞士苏黎世大学（University of Zurich）历史教师。

Lary, Diana. *Chinese migrations: the movement of people, goods, and ideas over four millennia.* Lanham: Rowman & Littlefield Publishers, Inc., 2012.

中国移民：四千年来人口、商品和观念的流动

一般来讲，处于发展上升期的国家往往会伴随着大规模的人口迁移。近年来席卷中国的移民潮看起来是个新现象，很多人认为，这是现代化和工业化的结果。但是本书作者在研究了四千多年来中国发展与停滞期交替出现的历史轨迹后得出结论：目前的移民潮，不管是国内各地之间，还是国内与国外之间的人口迁移，都只是中国漫长的人口流动史中的一个新阶段。

作者依时间顺序论述了中国各时期的人口迁移活动，分析了促成人口迁移的原因及其带来的影响，指出人口迁移是一种促进商品、文化、宗教和政治传播的有利方式，移民潮改变了中国的面貌，也改变了中国与别国的关系。虽然儒家传统并不认同人口的流动，而是倡导人们安于故土，如俗语所说：在家千日好，出外一时难。但作者认为，尽管儒家思想中有这样的观点，但移民已经成为中国社会发展的一个关键要素。

Diana Lary，著名历史学家，加拿大英属哥伦比亚大学（University of British Columbia，简称 UBC）历史学荣休教授。

Li, Huaiyin. *Reinventing modern China: imagination and authenticity in Chinese historical writing.* Honolulu: University of Hawaii Press, 2012.

重构近代中国：中国历史书写中的想象与真实

本书是第一部对20世纪早期至今的中国历史学家撰写的近现代中国史著作进行系统分析的专著。本书追溯了这一领域中主要议题的建构，核心描述的演化，以及不同时期在最具争议性的问题上展开的讨论。通过将历史写作置于政治和思想斗争的背景下考察，作者阐释了历史学家重构真实历史的意愿与行动如何屈服于某种想象的历史轨迹，皆因这种想象更符合现实议程和当政者政治合法化的需要。作者认为，从鸦片战争到新中国成立前，中国的历史叙事由现代化和革命主导。1949以后，学科化叙事和激进化叙事相继出现，既反映了执政党内部的斗争，也揭示出历史学家与社会背景的关系。改革开放是中国现代史书写的转折点，历史学家们开始以西方的现代化理论作为工具，重新书写宏大的中国历史，并将目光更多地投向普通人和大时代背后的日常社会。为了寻找重新书写现代中国史的更有效方法，作者提出了书写历史要符合时代性和开放性的建议，允许对历史作出不同的解释，并将现代中国史的写作视作一个远未完成的过程。

Li Huaiyin（李怀印），美国德克萨斯大学奥斯汀分校（The University of Texas at Austin）历史和亚洲研究教授。

Lu, Suping. *A dark page in history: the Nanjing Massacre and post-massacre social conditions recorded in British diplomatic dispatches, admiralty documents, and U. S. naval intelligence reports.* Lanham, MD: University Press of America, 2012.

历史上黑暗的一页：英国外交信件、海军部文件和美国海军情报局报告中的南京大屠杀及其之后的社会状况记录

1937年12月13日，日本军队占领了中国的六朝古都南京，持续六周的大屠杀随之开始，其规模之大，其暴行之残忍，震惊了整个文明世界。1938年1月6日，三位美国外交官被获准进入这座沦陷的城市。三天后，英国领事、武官和德国外交官陆续抵达南京。他们持续向本国发回报告，描述了南京大屠杀以及屠杀后数月内的南京社会状况。这些第三方亲历者的记录成为可信度极高的南京大屠杀暴行的历史见证。本书收录了英国国家档案馆收藏的英国外交电文和皇家海军报告，以及美国国家档案馆收藏的美国海军情报文件，其中许多资料均为首次披露。

Lu Suping（陆束屏），旅美华人，美国内布拉斯加大学（University of Nebraska-Lincoln）教授。从1996年起开始关注并从事南京大屠杀历史的研究工作，包括收集南京大屠杀亲历者留下的记录。

Palmer, David A.; Liu, Xun. *Daoism in the twentieth century: between eternity and modernity*. Berkeley: University of California Press, 2012.

二十世纪的道教：在永生与现代性之间

这本开创性的论文集不仅探讨了道教适应现代中国并重塑自身的方式，还对道教如何有助于促进中国宗教文化发展做出了新的阐释，并论证了道教作为一种世界性宗教的角色和位置，超越了前人关于道教定义的争论。在本书中，一个跨学科的学者团队共同探讨了从19世纪晚期至今的道教社会史和人类学，书中收录的论文涉及道教仪式专家、修身与冥想传统、修行制度、新宗教运动、国家的宗教扶持制度以及道教的跨国网络等议题。

本文内容分三部分。第一部分论述处于不断变化的社会政治背景下的道士与道观；第二部分论述道士自修传统的转变和重塑；第三部分探讨了道教的本土运作和海外传播，以及对现代性的超越。

David A. Palmer（宗树人），香港大学社会学教授，曾任法国远东研究院香港中心主任。精通法语、英语和汉语。主要研究范畴为社会学、人类学、历史文化等。

Liu Xun（刘迅），美国罗格斯大学（Rutgers University）艺术与科学学院历史学副教授。

Robinson, Luke. *Independent Chinese documentary: from the studio to the street*. London; New York: Palgrave Macmillan, 2012.

中国独立纪录片：从影棚到现场

在过去20年里，中国电影见证了独立纪录片的繁荣，这些纪录片大都表现出纪实美学特征。这种风格的形成可以追溯到上世纪80年代，现场实地拍摄影片逐渐取代了毛泽东时代影棚拍摄的传统，这种“现场”或曰“到场”的拍摄手法在某种程度上因为包含了偶然因素而与以往的中国纪录片有所区别。本书通过一系列典型案例研究，分析了中国独立纪录片中对偶然事件的多种呈现方式，写实与审美之间的矛盾对作为媒介的纪录片导演的挑战，中国持续的后社会主义转型大背景下纪录片品质重要性凸显的原因，以及对纪录片的自我表达的影响。本书表达了一个清晰的观点，即自发性和偶然性成为独立纪录片制作的关键要素，正是中国从计划体制转向公民自觉的文化回应。

Luke Robinson，英国诺丁汉大学（University of Nottingham）影视研究专业讲师。

Silbey, David J. *The Boxer Rebellion and the great game in China*. New York: Hill and Wang, 2012.

义和团运动与中国大博弈

1900年的西方世界，不论是老牌帝国还是后起强国都深陷泥潭：英国人在布尔战争中败北，德国沙皇忙于建立一支庞大的新海军，美国专注于压制南太平洋地区的暴动，而新兴的帝国主义国家日本则向其邻邦俄国表明了在领土上的野心。此时的中国，一支神秘的农民队伍向西方列强发起了攻击，他们担心西方势力会搞垮他们的国家。这些普通中国人的出现看起来莫名其妙，他们缺少集中领导，依靠民族主义情绪发展队伍，他们的口号是“扶清灭洋”。许多学者评价义和团运动只不过是一场目的不端且轻易可以被镇压的暴动。然而本书作者则认为，义和团距离成功——击退各方帝国主义势力，只差毫厘。通过分析参与镇压义和团运动的八国联军士兵以及当时驻华外交官的日记与书信，作者生动地描绘了这场昙花一现的战争。作者认为，虽然义和团运动最终失败，但其英勇与爱国精神却激发了中国的民族主义思潮，影响了包括毛泽东在内的年轻的中国民族主义者。

David J. Silbey，美国康奈尔大学（Cornell University）军事历史学教授。

Standen, Naomi. *Demystifying China: new understandings of Chinese history*. Lanham: Rowman & Littlefield Publishers, Inc., 2012.

解密中国：中国历史的新阐释

对西方人而言，中国的历史经常被简化为在永恒的儒家追求与令人费解的野蛮行为（诸如妇女缠足或大规模杀戮）之间做出抉择，与此同时伴随着概念化的描述，诸如“五千年历史的中国”，“儒家社会的中国”，“妇女被歧视的中国”，“共产主义中国”等等。本书用简洁易懂的语言，逐一分析了一系列有关中国历史的概念误解，这些误解对中国的当下和未来，以及中国与世界其他国家的关系产生了影响。对中国历史的新阐释有助于读者重新审视他们对中国历史的看法，进而重新认识一个真实而非想象中的中国。

Naomi Standen（史怀梅），英国伯明翰大学（University of Birmingham）中世纪史教授。

Tudda, Chris. *A Cold War turning point*: *Nixon and China*, 1969－1972. Baton Rouge: Louisiana State University Press, 2012.

冷战转折点：尼克松与中国（1969—1972）

1969至1972年尼克松政府时期，美国国家安全部门积极助推美国改善与中国的关系。1972年2月，时任美国总统尼克松对中国进行了正式访问，自此美中两国关系进入了一个全新发展时期。毛泽东将尼克松访华之行称为“改变世界的一周”。尼克松对中国的态度之所以不同于之前的历任美国总统，是因为他认识到修复美中关系对两国而言都有益处。尼克松认为，美国对建设一个更加务实的国际体系的诉求，与中国对苏联军事发展的担忧和重返国际舞台的渴望是一致的。本书是第一部使用了尼克松录音资料、基辛格电话会谈记录等珍贵史料来展现早期美中关系复杂性的著作。作者在书中使用了最新解密的美国、中国、欧洲和前苏联的外交档案，揭示出这段戏剧性地改变了冷战发展轨迹的历史关系中的一些新的细节，从多元档案角度对20世纪国际关系史上这一重要时刻进行了审视，其研究深入并极具启发意义。

Chris Tudda，历史学家，美国对外关系史研究专家，就职于美国国务院历史文献办公室（Office of the Historian）。

Wang, Chi. *Building a better Chinese collection for the Library of Congress: selected writings.* Lanham, Md.: Scarecrow Press, Inc., 2012.

为美国国会图书馆创建一个更好的中文资料馆藏：自选集

本书记载了美国国会图书馆中国资料收藏从无到有、再到成为亚洲之外中国文献收藏圣地和中国文化研究中心的光辉历程。作者以一个内部人士的视角对这一过程中的里程碑事件进行了描述。在作者任职期间，国会图书馆的中文藏书从30万册增长到了100余万册，持续支撑着美国政府和学者对于中国信息资料与日俱增的需求。作者在本书中还分享了自己的工作经历，对中国出版业发展趋势的看法；介绍了国会图书馆珍稀文献的入藏过程，馆藏研究资源；回顾了中国图书馆和档案馆的历史，香港中文大学当代中国研究图书馆的发展等等。

Wang Chi（王冀），美中政策基金会总裁兼共同主席，原美国国会图书馆中文部主任。在美国国会图书馆工作50年，在其努力下国会图书馆建立了自己的中文馆藏。1969年至今，王冀同时任职于乔治敦大学，教授历史与美中关系。1972年，王冀应中国政府的邀请访华并协助安排美中之间的文化交流活动，他是继尼克松历史性访华之后第一批到访中国的美国公民。1995年，王冀创立了美中政策基金会。

Weston, Timothy B.; Jensen, Lionel M. *China in and beyond the headlines.* 3rd ed. Lanham, Md.: Rowman & Littlefield, 2012.

头条内外的中国（第3版）

对中国文化和政治变化进行定位的需求从未像今天这样紧迫。本书是一套广受欢迎的系列图书的第三版，编者致力于减少中国与世界其他国家之间的信息鸿沟，使世界变得更加多元和透明。在本书中，针对那些没有被西方媒体报道或被媒体误读的当下中国文化、经济、政治与社会方面的关键性议题，专家们提供了充满吸引力的洞见，描绘出今日中国的复杂性，并说明其对美国人的日常经验来说意味着什么。本书的第一部分关注媒体报道中的中国，探讨了青年文化，公民社会，中国军力发展，环境，城市化，互联网等问题；第二部分的关注点扩展到新闻报道之外的中国，议题涉及中国的旅游休闲文化，法律改革，威权主义，儒学，少数民族问题，以及国外关于中国的报道等。

Timothy B. Weston（魏定熙），美国科罗拉多大学博尔德分校（University of Colorado Boulder）历史学副教授，国际教育学院院长。

Lionel M. Jensen，美国圣母大学（University of Notre Dame）东亚语言文化副教授、历史学副教授。

相关版本

Jensen, Lionel M.; Weston, Timothy B. *China's transformations: the stories beyond the headlines.* Lanham: Rowman & Littlefield, 2007.

Weston, Timothy B.; Jensen, Lionel M. *China beyond the headlines.* Lanham, Md.: Rowman & Littlefield Publishers, 2000.

Ye, Tan; Zhu, Yun. *Historical dictionary of Chinese cinema*. Lanham: Scarecrow Press, Inc. 2012.

中国电影史词典

从1896年电影传入中国到今天，中国已经成为世界电影业的一个主要参与者。本书是一部记录中国电影发展史的工具书，主体内容分两部分。第一部分以大事年表和简介的形式，回顾了中国电影的百年发展历程。作者采用五个阶段和六代导演划分法，结合外敌入侵、帝国崩溃、国内战争、“文化大革命”等重大历史事件发生的时代背景，描绘了中国电影走过的一条异常艰难和混乱的成长之路。第二部分以词典的形式，按字母顺序收录了数百条可相互参照的与中国电影相关的词条。本书附录包括一份近20年来介绍和研究中国电影的书目，和一份中国电影研究在线资源的网站目录。

Ye Tan（叶坦），美国南卡罗来纳大学（University of South Carolina）比较戏剧教授，孔子学院院长。

Zhu Yun，美国南卡罗来纳大学比较文学博士研究生。

Zarrow, Peter. *After empire: the conceptual transformation of the Chinese state*, 1885 - 1924. Stanford, California: Stanford University Press, 2012.

帝国之后：中国国家概念的转型（1885—1924）

从1885到1924年的40年间，中国经历了一场急剧的政治斗争与文化变迁，并伴随着激烈的思想转变：在经历了2000多年的君主统治之后，中国人终于不再信奉帝王。康有为、梁启超、严复、孙中山、章太炎、刘师培等人在挑战“天经地义”的皇权的同时，也在想象和摸索未来可以取而代之的国家体制。他们的思考和行动不仅彻底瓦解了大清帝国，也终结了建立在儒家思想上的皇帝制度，催生了自由民权观念肇始的民国体制。与此同时，中国人自觉地在这一过程中接受了公民身份和主权观念，并按自身的理解和需求进行了有别于西方定义的修正。本书集合了文化史、思想史和社会史研究，作者用生动的文笔撰述了一个严肃而抽象的课题。

Peter Zarrow（沙培德），台湾“中央研究院”近代史研究所研究员、副所长，研究领域是中国近代思想史、文化史和比较政治理论。

Unali, Lina. *Rapporto sulla Cina.* Roma: Editori Riuniti University Press, 2012.

中国报告

本书分七章，论述了欧洲与中国之间几百年的相互交往和了解的过程。作者梳理了理解中国历史和文化的各种要素，指出在中欧交流初期，传教士团在中国古代哲学文化向西方传播过程中发挥的重要作用，其时中国文化为许多欧洲国家所仰慕，中国的工艺品、瓷器以及龙的形象对当时的欧洲社会产生了重大影响。近代以后，伴随着中国内部社会的不稳定因素，欧洲各国开始侵略中国。作者着重描述了意大利在中国的殖民情况，并对意大利、英国、德国和美国文学作品中的中国形象做了饶有趣味的分析。最后，作者对中国的语言和武术做了介绍。本书有助于中欧之间更好的相互了解。

Lina Unali，意大利罗马第二大学（Università di Roma Tor Vergata）人文研究系教授，国际关系研究领域知名专家。他建立了该校的亚洲和西方研究中心。多年研究俄语、印地语和汉语，曾广泛游历中国。

Beraha, Richard. *La Chine à Paris: enquête au coeur d'un monde méconnu*. Paris: R. Laffont, impr., 2012.

在法国的中国人：对一个未知世界的深入调查

目前在法国生活着45万中国人，其中一半来自温州。尽管这个庞大的移民群体已经在这里生活了上百年，但依然不被外界所了解。近30年来，移民数量的急剧增加，使得他们虽然尽量保持低调，但还是让人觉得在法国各地都能看到中国人的身影。这个群体如同构造精妙的地下蚁穴一般隐秘，以至于或被忽略，或引人疑虑。从贫困的偷渡者到成功的大家族，本书对这一群体的所有社会阶层进行了探究，讲述他们怎样绕过严格的移民法，如何融入法国社会，华商组织和中国驻法使馆的作用和影响，以及中国经济飞速发展为旅法华人提供的机遇等等。法国华人社会的研究价值在于蕴含其中的文化传统与生存现实，合作与竞争，本土战略与全球资本主义，以及父权制度与妇女解放等诸多问题。在帮助我们更好地理解劳务市场全球化现象的同时，本书也对法国的社会融入模式进行反思。

Richard Beraha，前法国汇集协会会长。

Botz-Bornstein, Thorsten. *La Chine contre l'Amérique: culture sans civilisation contre civilisation sans culture?* Paris: l'Harmattan, 2012.

中国与美国：没有文明的文化与没有文化的文明？

本书在思考文化与文明的差异这一哲学论题的过程中观察中美两国及其相互关系。中国沿袭悠久的儒学传统，树立起一个极度现实主义的形象；美国也因循其传统，形成了以迪斯尼和拉斯维加斯等虚拟世界为代表的极度追求物质的乌托邦式文明。本书对中美两国的历史和现状进行比较，通过各自在民族主义、宗教、建筑等方面的观念分歧，来分析两国潜在的冲突。

本书共设六章，包括：略带政治色彩的新冷战；混淆了250年的文化与文明的概念；迪斯尼乐园与中国传统建筑；中国文化；美国文明；马克思·韦伯与鲍德里亚：清教主义与极度现实。

Thorsten Botz-Bornstein，科威特海湾科技大学（Gulf University for Science and Technology）讲师。

Laplantine, François. *Une autre Chine: gens de Pékin, observateurs et passeurs des temps.* Le Havre: De l'incidence éd., 2012.

另眼看中国：北京人 观察家 时代的传人

本书作者不关注中国的科技和经济发展，耀眼的体育成就，抑或特大城市数量的快速增长以及社会关系的商业化，而是以人类学的知识背景，通过三条途径审视被中国媒体美化和被西方媒体简化的中国形象：对北京日常生活不进行价值批判但保留主观态度的观察和描述；对中国现实主义文学作品的阅读；对中国现代影视作品的解读。作者力图还原一个较真实的中国，一个极度复杂、极度微妙、极度细腻的中国。作者认为，只看到中国当前资本主义的盛行和消费主义的狂热，是一种无知和冷漠，是对丰富的中国文化的一种简单轻视。对于中国的现状，作者没有戴着有色眼镜评判，而是致力于探究铸就了中国这个世界大国的宏观因素，关注中国被隐藏的特性，用人类学和美学的眼光，发现中国真实的一面。

François Laplantine，法国里昂第二大学（Universite Lumiere Lyon Ⅱ）教授，该校人类学系创建者。

Mathieu, Rémi. *L'éclat de la pivoine: comment entendre la Chine*. Paris: J. C. Lattès, impr., 2012.

牡丹的光华：如何倾听中国

无须怀疑，21 世纪将是中国的世纪。牡丹，中国的象征，正绽放出前所未有的光华。然而，即便她就在眼前，我们凝视的也不是真正的中国，而是我们自己的另一面。遥远的中国就这样变成了谜。中国不是幻象，如今她存在于我们日常生活的方方面面，无论在经济、政治，还是文化方面。作者指出，中国对于西方来说并非威胁，更不是解决我们自身困境的有毒解药。她是几千年文化磨合与政治延续的产物。要想听到中国向我们传达的话语，我们首先要学会倾听她，然后才有可能最终理解她。

本书抨击了西方国家关于中国的陈词滥调和无端恐惧，认为这不过是西方人对一个饱受儒家和道家学说浸润的千年古国的无知。中国与基督教和天主教主宰的西方不同，她并不打算强力推行任何真理；中国人也并不狡诈或冷漠。本书揭示了一个受儒道学说滋养的富饶的精神世界，也揭示了在欧洲中心论观点覆盖下的西方思想的局限。在这本尖锐的著作中，作者邀请读者反思自己对中国的评判和莫名的恐惧，同时为理解中国思想指引了方向。

Rémi Mathieu，汉学家，法国巴黎第七大学（Université Paris Ⅶ）教授，法国国家科学研究中心（Centre national de la recherche scientifique）研究主任。

Sulaiman, Palizhati. *L'histoire de l'écriture ouïgour*: *les trois réformes de 1956 à 1983*. Paris: l'Harmattan, 2012.

维吾尔文的历史：1956—1983 年间的三次文字改革

谁能想象一个民族会在几十年内三次改变自己的文字体系？维吾尔文就在短短几十年中经历了从阿拉伯字母到拉丁字母，再回到阿拉伯字母的历程。作者在本书中介绍了维吾尔文的历次变革，揭示了变革的内容和缘由，作者自身和其他知名语言学家们对此变革的认识和体会，分析了文字变革对教育、传播、文化和日常生活等领域的影响。在引言部分，作者介绍了“维吾尔”名称的含义，以及从古维吾尔文到察合台文几个发展阶段的文字变化。本书内容主体分为三个部分，第一部分梳理了20世纪维吾尔文发展史，对阿拉伯维吾尔字母体系、西里尔维吾尔字母体系、拉丁维吾尔字母体系和现代维吾尔字母体系之间的异同进行了比较。第二部分分析、阐述了有关维吾尔文字变革的肇因及其引发的争论。第三部分描述了历次变革后的文字普及和应用情况，以及文字变革对维吾尔族语言、科学和社会产生的影响。

Palizhati Sulaiman，旅法中国籍维吾尔族人，曾在中国任科技记者20年。获得法国近代现代中国研究中心硕士学位，法国社会科学高等研究院语言社会学博士学位。

Amelung, Iwo; Schreijäck, Thomas. *Religionen und gesellschaftlicher Wandel in China.* München: Ludicium Verlag, 2012.

中国的宗教与社会变革

近年来，宗教信仰在中国有日渐回暖的趋势，旧的宗教传统得以传承，新的宗教思潮得到回应。其中，基督教教徒数量大增。从总体上看，基督教在一些地区以较快速度传播，教会组织的多种形式的聚会正在成为群众娱乐身心、调剂业余生活、寻求精神慰藉的重要方式。在农村，一些乡村教会发挥了组织生产、扶贫帮困的社会功能。从其覆盖的社会阶层来看，基督教信徒的构成正悄然变化，城市精英和科研人员的比例有所增加，信徒结构日趋多样。

本书是法兰克福大学东亚研究中心系列学术报告的合集。书中收录的文章有《中国的宗教与社会变革》《从帝国到中华人民共和国：19 世纪和 20 世纪在中国的基督教布道团》《基督教及其在中国的显灵》《中华人民共和国民间宗教的衰落和回归》《中国城市化、移民和宗教——以天主教为例》等。本书从政治、经济、社会、历史、神学等各个方面探讨了基督教在中国迅速发展的原因、现状和未来趋势。中国基督教的快速发展，离不开深刻变革的内部社会环境和复杂国际背景的影响，同时与基督教自身传教特点也密不可分。不可否认的是，基督教在中国的发展过程中，一度彰显了政治强权和经济文化的优势地位。

Iwo Amelung（阿梅龙），德国法兰克福大学（Universität Frankfurt）文化与语言系副主任、东亚研究中心副主任。在德国和中国多所高校任教，2010 年被聘为中国科学院外籍专家特聘研究员。主要研究领域是近代中西科学知识交流史、中国科学史学史、黄河水利史。

Thomas Schreijäck，法兰克福大学实践神学、宗教教育、跨文化神学教授。

Aust, Stefan; Geiges, Adrian. *Mit Konfuzius zur Weltmacht: das chinesische Jahrhundert*. Berlin, Verlagsgruppe Lübbe Gmbh & Co. KG, 2012.

带着孔子走向世界强国：中国百年

中国在21世纪取得的成就举世瞩目：经济快速发展，人民生活水平提高，国民文化素养提升，综合国力增强。作者把这一切归功于2500年前的中国古代教育家和思想家孔子及其儒家学说的复兴。尽管中国在上个世纪一度发起过批儒批孔运动，但古老的儒家学说在当今中国仍发挥着重要作用，并重新成为中国人关注、讨论、学习和实践的一门显学。或许儒家的治理哲学或多或少地限制了个体的自由和权利，但对于中国这样一个中央集权的泱泱大国来说，强调政治和社会秩序的儒学注定不可或缺。本书是两位作者在中国走南闯北的过程中撰写的报道集合，他们在中国与政府官员、不同政见者、明星和普通百姓交谈，思考中国古代帝王的统治哲学，揭示中国共产党领导下的当代中国面临的挑战，用生动、真实、深刻的文章，勾勒出当今中国政治、经济和社会生活的一个侧影。

Stefan Aust，德国《明镜周刊》（*Der Spiegel*）主编。

Adrian Geiges（佳杰思），贝塔斯曼旗下杂志集团古纳亚中国区CEO，原德国《明星周刊》（*Stern*）驻亚洲首席记者，现居北京。

Collani, Claudia von. *Von Jesuiten, Kaisern und Kanonen: Europa und China-eine wechselvolle Geschichte.* Darmstadt: Wissenschaftliche Buchgesellschaft, 2012.

耶稣会会士、国王和大炮：一段多变的欧洲与中国史

中国与欧洲的接触始于中世纪晚期，相互尊重与相互学习是当时中欧文化和经济交流的主流。随着欧洲的重商主义和帝国主义的发展，中欧关系开始恶化，直至中国国土被欧洲诸国侵占，中国市场被瓜分。作者从文化史的角度出发，以耶稣会会士、国王和大炮作为标注中欧关系发展史上关键事件的关键词，浓缩精炼地勾勒了东方古国与欧洲世界从友好走向对立的过程。

在葡萄牙和法国的支持下，耶稣会从16世纪中叶开始在中国传教。同时，耶稣会士和商人把古代中国的天文和医学知识传播到欧洲，为中国在欧洲赢得了声誉。作为“黄祸论”的始作俑者，普鲁士国王威廉二世1900年对派往中国的德国陆军发表了所谓的“匈奴演说”，标志着中欧关系陷入低谷。两次鸦片战争、八国联军侵华，欧洲强国以中国人发明的大炮摧毁了中国的尊严和主权，自此中国的领土和市场任由欧洲各国宰割。本书以浅显的语言再现了400年风云，在梳理中欧关系发展的重要线索的同时，探究了若干富有历史意义的文化现象，是一部专业性和通俗性兼顾的作品。

Claudia von Collani，德国汉学家、日本学家、宗教学家。在德国明斯特大学（Universität Münster）、维尔兹堡大学（Universität Wuerzburg）教授基督教传教学和中西文化交流史，参与多个有关中国历史、文学和文化史的研究项目。

Gutheinz, Luis. *Chinesische Theologie im Werden: ein Blick in die Werkstatt der christlich-chinesischen Theologie*. Ostfildern: Matthias Grünewald Verlag, 2012.

发展中的中国神学：中国基督教神学综览

自第二次梵蒂冈大公会议（1962—1965年）召开以来，罗马教廷越来越重视全球各教区的本土文化，力图寻求天主教的观念体系与教区本土价值体系的共界，促进天主教教义与教区本土语境的融合。中国现代基督教神学的发展也体现了这一趋势。本书论述了基督教教义和中国本土语言系统、思维体系以及“生活世界”（胡塞尔）之间的碰撞，指出中国基督教神学是世界基督教神学的重要组成部分，是一部深入研究基督教在当代中国的本土化进程，以及中国基督教发展现状和前景的系统著作。

作者首先归纳了中国人意识形态中四类主流的价值观：儒学、道教、佛教以及深受儒释道三家影响，难以定义、不成体系的民间宗教。在此基础上，作者总结分析了中国基督教神学发展的五种形式，即：基督教团体和教会对基督教信仰的内省；神学院和神学系的神学；传统儒学和道教语境下的神学；台湾本土神学；台湾地区神学研究组的神学。此外，作者还对中国基督教神学研究组织团体、研究专著和译著做了较为全面的评述，认为其中《辅仁大学神学论集》是中国本土对基督教神学研究的重要成果。在本书最后，作者展望了未来中国基督教神学的发展，并指出基督教福音与中国传统人文精神的融合对于整个教会的神学发展也有贡献。

Luis Gutheinz（谷寒松），奥地利神学家，耶稣会神父，辅仁圣博敏神学院研究所所长，兼任辅仁大学宗教研究所教授。有中文著作《神学中的人学》《台湾经济发展与生活品质》等，并编著《神学辞典》。

Reden, Bettina von. *Der Krieg der Einzelnen: Studien zur Ästhetik, weiblichen Schreibens' in China; die Gegenwartsautorin Lin Bai im Kontext der chinesischen Frauenbewegung.* Marburg: Tectum Verlag, 2012.

一个人的战争：中国女性书写美学研究——中国妇女运动背景下的当代女作家林白

上世纪80年代以来，林白一直是中国当代女性文学的代表人物。她的作品生动刻画了中国女性复杂、微妙、晦暗的生活现实，以直白奔放的语言描绘了女性的性欲和性生活、女性的施暴和受虐，在中国引起了广泛争议。小说《一个人的战争》是林白最著名的作品。长期以来，中国社会，特别是女性文学，从当代史、社会史角度对女性在社会生活中所扮演的角色进行了深入的探讨。本书从这一背景入手研究林白的小说和散文作品，不仅肯定了林白在文学创作领域的独到之处，而且肯定了她在中国妇女运动背景下进行女性书写和女性主义书写的社会意义。

在前言中，作者对中国妇女运动的历史和现状进行了梳理，并指出现代西方思潮对中国妇女运动的某些阶段所产生的影响，如美国女性主义文学理论等。本书的正文部分由多篇阐释林白作品的文章组成，分析探讨了林白作品的主题、结构、艺术手法，她对西方女性主义理论的继承，以及她独创的中国女性文学语言。作者指出，一方面，林白作品的主题和西方女性主义话语有众多相似之处，如性的物化、女性的身体自觉等；另一方面，这些主题又以独特、创新的中国式艺术形式得到了迥异于西方的展现。

Bettina von Reden，德国科隆大学（Universität zu Köln）博士，现代中国学专业，中国当代文学研究方向。2004年在中国学习期间，组建了中国艾滋孤儿援助协会。每年定期在中国上海、北京、南京等地进行文学研究工作。

日文著作提要

政治・社会

古畑康雄著.「網民（ワンミン）」の反乱：ネットは中国を変えるか?. 東京：勉誠出版，2012.

网民的“谋反”：网络会改变中国吗?

截止2012年6月底，中国网民的数量达到5.3亿，占全国人口的四成左右。本书旨在探讨中国网民的力量和影响力。作者长期关注中国互联网的发展和应用，他在书中对网络语汇产生的始末和原由进行了阐述，并通过分析网民创造的流行语汇来考察当代中国社会。全书共三章，第一章对中国的言论空间与互联网的关系进行了说明，第二章透过网络语汇窥视中国社会，第三章是作者与哈佛尼曼学者（Nieman）* 安替的访谈，两人共同探讨了网络给中国带来的变化。

* 尼曼学者是1939年由哈佛大学建立的旨在培训新闻业精英的一个教育计划，每年在全球范围内遴选24名资深媒体人，被选中者作为尼曼学者可以在哈佛大学任选学院进修一年。

古畑康雄，日本共同通信社国际局编辑部主任。1997年赴中国对外经济贸易大学留学，2001年建立共同通信社中文新闻网站“共同网”。

近藤大介著.「中国模式（もしき）」の衝撃：チャイニーズ? スタンダードを読み解く. 東京：平凡社，2012.

“中国模式”的冲击：解读中国模式

本书从生活、商务、经济、政治、外交 5 个主题阐释中国模式，挖掘中国模式的特点和影响力。生活篇描述了中国的住房、交通等社会生活状况；商务篇讲解了中国劳动力市场的雇佣关系、与中国企业打交道的方法等；经济篇解读了贫富差距与阶层关系、国有企业与民营企业的关系、中国经济的发展前景、人民币国际化等问题；政治篇刻画了中国独特的政治体系；外交篇分析了中美关系、中美两国集团时代、货币战争、构筑“中国包围网”等问题。书中还收集并分析了解读中国宏观经济状况与发展不可或缺的重要资料和言论。

近藤大介，日本讲谈社（北京）文化有限公司副总经理。

毛里和子，加藤千洋，美根慶樹著．21 世紀の中国 政治・社会篇．東京：朝日新聞出版，2012.

21 世纪的中国：政治・社会篇

面对中国在政治、外交、军事和经济领域发生的巨大变化，对中国进行客观分析也变得越来越困难。日本佳能全球战略研究所针对这一局面成立了专门研究会，召集了 10 余名长期研究中国的专家、学者和记者，对中国展开研究。本书是研究会的成果集合之一，另外两卷分别是“军事外交篇”和“经济篇”(2013 年出版)。

本书由八个章节组成，探讨了中国党、政、军的现状，新一届领导班子的组成，中国模式论，民族问题，民主化，网络舆情和群体性事件等具体问题。第一章到第四章由毛里和子执笔，主要分析中国政治结构和政治制度中较为棘手的问题，第五章到第七章由加藤千洋执笔，针对中国社会持续发生的诸多变化，从政治改革、媒体舆论、土地问题等多个切入点展开剖析，第八章由美根庆树执笔，主要阐述贪污腐败问题。

毛里和子，日本著名政治学家。日本科学委员会成员、国际关系协会执行委员会委员、亚洲研究学会董事。曾任静冈县立大学国际关系学院教授、横滨市立大学国际文化学院教授、早稻田大学政治经济学院教授。曾获日本有关亚洲研究的权威大奖“福冈亚洲文化奖”和中国学术机构颁发的中国学研究贡献奖。主要研究领域为中国政治与外交、东亚国际关系。

加藤千洋，日本同志社大学研究生院教授。

美根慶樹，日本佳能全球战略研究所研究主任。1972 年参与中日邦交正常化谈判。曾任驻华大使馆参事官、内阁审议官、防卫厅参事官、南斯拉夫联盟共和国特命全权大使、地球环境问题担当大使、阿富汗支援调整担当大使。研究领域为企业与国际关系、中国研究、南千岛群岛问题。

毛里和子，松戸庸子编著．陳情：中国社会の底辺から．東京：東方書店，2012.

信访：来自中国社会底层的声音

土地被侵吞的农民、领不到保险金的受害人、被克扣福利的退役军人……遭遇各种不公正待遇的人们从全国各地奔赴北京，希望能从中央政府和最高法院讨个说法。比起行政诉讼，大多数中国民众更倾向于选择信访途径。由于去京上访人数的多寡直接影响中央对地方政府工作的评价，因此有些地方政府会拦截和遣返上访者，甚至不惜诉诸暴力。本书是人间文化研究机构（NIHU）当代中国地区研究项目关于信访研究的集体成果，书中共收录9篇中日研究人员的论文，从多角度分析了信访制度和信访行为，探讨了中国政府解决信访纠纷、巩固共产党统治的方法。

序章阐述了“压力型体制”* 这一概念，并以此作为研究背景。第一章论述了中国信访制度改革与宪政建设，第二章分析了信访制度的运行机制及其变迁，第三、四、五章分别从政治权利论、法律、劳动纠纷的角度分析信访工作，第六章探讨了信访制度下的维权与维稳，第七章对退役军人的信访进行了实例分析，第八章则剖析了信访制度在设计意图上与实际运作之间存在的差距。

* “压力型体制”指在中国社会经济转型过程中形成的地方政府的运行和治理模式，表现为对不同来源的发展压力的分解和应对。

毛里和子，略。

松戸庸子，日本南山大学外国语学院教授，研究方向是现代中国的近代化。曾任日中社会学会理事及干事。

加茂具樹，小嶋華津子，星野昌裕等編著．党国体制の現在：変容する社会と中国共産党の適応．東京：慶応義塾大学出版会，2012.

党国体制的现状：中国共产党如何适应社会的变化

本书通过实例分析党国体制如何应对不断变化的中国社会提出的新要求，进而探讨党国体制的运行原理。全书分为两大部分，第一部分从党国体制制度设计的角度阐述党、政、军三方如何应对社会变化，第二部分通过农村、民族、宗教、经济和互联网监管等各种具体问题进一步阐述党国体制如何满足社会要求。

本书集结了日本多位不同学科领域的中国研究学者的论文，试图解答能够灵活应对经济市场化和全球化问题的中国共产党究竟是一个怎样的政治集体，中国共产党领导的多党合作制政治体制是否会发生转变等诸多问题，并从多个角度刻画出能够适应社会变化的中国共产党的权力结构以及党国体制的现状。

加茂具樹，日本庆应义塾大学综合政策学院副教授。主要研究领域是中国政治。

小嶋華津子，日本筑波大学人文社会系准教授。

星野昌裕，日本南山大学综合政策学部教授。

田中仁，三好恵真子編．共進化する現代中国研究：地域研究の新たなプラットフォーム．吹田：大阪大学出版会，2012.

共同进化的现代中国研究：地区研究的新平台

2007年春，日本大阪大学法学院“中国文化论坛”跨学科研究团队主持人田中仁教授与中国南开大学历史学院中国近现代史学科江沛教授，就构建两校间以“现代中国与东亚新格局”为主题的学术交流平台达成了共识，并约定于同年8月在南开大学召开第一届国际研讨会。不久，闻讯的台湾东华大学历史学系许育铭主任积极表示参与这一活动。于是，三校达成了共同主持、轮流召开以“现代中国与东亚新格局”为主题的国际研讨会的协议。

本书是自2007年首届研讨会以来研究交流成果的汇总。全书共由三大部分组成，第一部分收录5篇以“透视全球化大国中国”为主题的论文，从政治、经济、贸易和安全保障等方面剖析中国，第二部分是4篇关于“中国周边研究”的论文，主要探讨中国与周边国家及地区的关系，第三部分的5篇论文探究了“日本定位”问题和中日关系。本书序章为“历史学与其他诸学科的对话”，终章为“21世纪东亚人类安全保障”。

中国社会科学文献出版社也于2012年8月出版了前五届会议的相关论文集《现代中国变动与东亚新格局（第一辑）》。

田中仁，日本大阪大学法学研究科教授，研究领域为中国近代政治史。

三好恵真子，日本大阪大学人类学研究科副教授，研究领域为食品物性学、人类环境论等。

小笠原欣幸，佐藤幸人編．馬英九再選：2012 年台湾総統選挙の結果とその影響．千葉：アジア経済研究所，2012.

马英九连任：2012 年台湾大选的结果及其影响

2012 年台湾大选，国民党候选人马英九击败了民进党候选人蔡英文与亲民党候选人宋楚瑜，成功连任台湾地区领导人。本书一方面分析了大选结果产生的原因，另一方面基于此次大选的结果展望未来台湾以及东亚政治格局的走向。全书由 8 个章节组成，第 1 章是对投票结果的分析；第 2 章探讨了选举的过程以及决定胜败的重要因素；第 3 章从经济角度解释选举结果；第 4 章和第 5 章分别针对国民党和民进党的组织、战略以及党首面临的挑战进行分析；第 6 章和第 7 章从东亚国际关系的角度进行了分析，其中第 6 章描述了马英九政权在过去四年时间里为改善与大陆关系所做的努力，并就这一努力对于拓展台湾在国际社会的活动空间的意义进行了探讨；第 7 章通过美国对台军售来剖析马英九政权下的美台关系。本书终章对马英九再次执政期间的台湾政治及两岸关系进行了展望。

小笠原欣幸，日本东京外国语大学副教授。曾任英国谢菲尔德大学日本研究所客座研究员、台湾“国立政治大学”国际关系研究所和中山研究所客座研究员。研究领域为比较政治学、台湾政治研究。

佐藤幸人，日本亚洲经济研究所新领域研究中心企业及产业研究组负责人。研究领域为台湾政治经济学。

及川淳子著．現代中国の言論空間と政治文化：「李鋭ネットワーク」の形成と変容．東京：御茶の水書房，2012.

当代中国的言论空间与政治文化：“李锐人际网络”的形成与变化

李锐，1917 年生于北京，祖籍湖南平江。著名中共党史专家，毛泽东研究专家，作家。“文革”前曾任水电部副部长，毛泽东兼职秘书。因批判“大跃进”运动，1959 年被庐山会议定为“彭德怀反党集团成员”，撤销一切职务，开除党籍并下放劳动。“文革”期间被关押在秦城监狱 8 年。1979 年平反。之后曾任中共中央委员，中共中央组织部副部长。他长期呼吁民主宪政，支持言论自由与政治体制改革，曾在 2003 年第 1 期的《炎黄春秋》上发表《关于我国政治体制改革的建议》一文。

本书旨在探讨当前自由与管控并存的局面下中国呼吁政治改革的言论空间。围绕李锐的言论和行为，结合历史文献研究与现状实证分析，作者阐述了中国政治体制改革言论空间的动态变化以及相关的政治文化。本书的最大特点是跳出了“党内对党外”“保守派对改革派”“体制对反体制”的传统分析框架，把关注点更多地放在中国共产党内部的努力上，在日本的中国政治研究领域中独树一帜。

及川淳子，日本法政大学客座学术研究员、日本大学文理学部讲师。曾在日本驻华使馆任职。研究领域为当代中国知识分子、言论空间和中国政治文化。

若杉英治著．協働型事業における行政と市民との関係性：日米中比較を通じて．東京：学術出版会，2012.

行政机构与市民在协同工作中的关系：基于日美中三国的比较研究

近年来，为了解决市容卫生问题，创造安全舒适的生活环境，行政机构与市民之间协同工作的模式应用增多。本书对“协同工作”的定义是“具有参与意识的市民与行政主体，在地区存在的公共问题上相互理解，并为了解决这些问题而相互信赖、协作配合的活动体系”。本书以日本大分市清除路面违章广告推进员制度、美国凤凰城涂鸦与违章广告清除项目、中国武汉市门前三包责任制度为具体案例，通过问卷调查、访谈和布尔运算等方法来分析三个案例的特色和相似点，进而探讨行政机构与市民协同工作的方式。

若杉英治，日本大分市政府福利保健部生活福利课生活福利东部事务所调查主任。2000—2002 年曾作为日本青年海外协力队志愿者赴中国辽宁省营口振兴大学担任日语教师。

中国研究所編．中国年鑑2012．東京：中国研究所；每日新聞社（発売），2012.

中国年鉴 2012

《中国年鉴》是中国研究所自1955年起出版的年度连续出版物，内容分为专题、动向、要览与统计、资料等几大部分。专题部分探讨、分析当年的热点话题；动向部分涵盖当年中国政治、经济、对外关系、文化和社会生活领域的最新变化信息；要览与统计部分网罗了国土资源、国民经济、产业发展和日常生活的基本信息和数据；资料部分刊载统计公报、政府文献、重要人事变更等内容。本书作为工具书，既为日本的中国研究人员提供了全面的研究资料，也反映出日本对中国的了解和关注。

中国研究所是日本战后最早设立的研究中国的专门机构。1945年日本战败后，其在战前和战争期间建立的中国和亚洲研究机构（如满铁调查部、东亚研究所）相继解体，日本对中国和亚洲的情报研究几乎陷入真空状态。1946年，社团法人中国研究所成立，创始成员主要是战前在满铁调查部、东亚研究所等机构任职的中国研究人员。在反省战争的基础上，该所重新开始对现代中国的研究，原东亚研究所的一部分研究项目得以在该机构延续。

中国研究所现任理事长为原东海大学文学院教授杉山文彦，东京大学社会科学研究所教授田中信行、田岛俊雄，法政大学经济学院教授菊池道树、原宇都宫大学国际学院教授伊藤一彦为现任常务理事，研究所的研究人员有早稻田大学教授毛里和子、原独协大学教授辻康吾等。

中国研究所开展的活动主要包括：综合调研现代中国的实际情况和对外关系，调查外国对现代中国的研究状况，探讨日本的中国研究状况，发行期刊共享研究成果，邀请知名学者定期举办关于当代中国的研究会和公开讲座，管理附属图书馆等。该所附属图书馆有藏书约4.5万册，报纸18种，杂志263种，其中汉语资料占九成，包括南满资料和1978年以前的众多珍贵杂志。

此外，1951年中国研究所的部分成员召集了大批关注当代中国的研究者另外创立了现代中国学会（现代中国学会），1993年该会正式更名为日本现代中国学会（日本現代中国学会）。

毛里和子，園田茂人編．中国問題：キーワードで読み解く．東京：東京大学出版会，2012.

中国问题关键词解读

本书选取中国共产党、社会安定、农民工、土地与户籍、人民解放军、中日关系、海洋主权、对外援助、经济全球化、中国模式、历史观作为考察当下中国问题的 11 个关键词，以最新数据和观点为基础，探究中国的现状和未来。本书作者都是目前日本最活跃的中国研究学者，除了本书编者之外，还有法政大学法学院教授菱田雅晴、同志社大学环球研究科教授严善平、东京大学研究生院综合文化研究科教授阿古智子、早稻田大学当代中国研究所助理研究员弓野正宏、早稻田大学国际学术院和研究生院亚太研究科教授天儿慧、早稻田大学教育综合科学学术院教授青山瑠妙、早稻田大学现代中国研究所客座讲师徐显芬、神户大学研究生院经济学研究科教授加藤弘之、早稻田大学政治经济学术院教授唐亮、早稻田大学社会科学综合学术院教授刘杰。作者们从各自的研究领域出发，围绕上述 11 个关键词对当代中国进行了深刻剖析。

毛里和子，略。

園田茂人，日本东京大学东洋文化研究所教授。主要研究领域为中国社会论、比较社会学。

外交・安全

古森義久著.「中国の正体」を暴く：アメリカが威信をかける「赤い脅威研究」の現場から. 東京：小学館，2012.

揭露“中国的真面目”——以国家威信为赌注的美国“赤色威胁研究”

美国正在针对中国的军备扩充问题，以及日渐升温的钓鱼岛和南海领土争端展开相应研究。本书作者是一名经验丰富的记者，他试图通过对12位研究中国军事的美国专家的采访，从核战略、宇宙战略、海洋战略、陆军实力、海军实力、空军实力、导弹战略、对日战略、网络战争等多个角度，揭开中国军事力量与军事战略之谜。受访专家包括，美国国防部中国问题高级顾问白邦瑞（Michael Pillsbury）、美国“国际评估与战略中心”中国军事问题主任研究员费学礼（Richard Fisher）、美国海军军事学院中国海事研究所所长彼得・达顿（Peter Dutton）、在布什政府担任过国防部中国问题高级官员的卜大年（Dan Blumenthal）、美国传统基金会中国问题研究员成斌（Dean Cheng）等。

古森義久，日本亲美保守派媒体人士，1987年入职《产经新闻》，曾任该报驻北京总局局长，2001年起任该报驻华盛顿特别编委。2011年起兼任国际教养大学客座教授。

茅原郁生，美根慶樹著．21 世紀の中国 軍事外交篇．東京：朝日新聞出版，2012.

21 世纪的中国：军事外交篇

面对中国在政治、外交、军事和经济领域发生的巨大变化，对中国进行客观分析也变得越来越困难，日本佳能全球战略研究所针对这一局面成立了专门研究会，召集了 10 余名长期研究中国的专家、学者和记者，对中国展开研究。本书是研究会的成果集合之一，另外两卷分别是“政治·社会篇”和“经济篇”（2013 年出版）。

本书以相关历史背景和重要人物言论、外交文件，以及大量客观数据为基础，对美台关系、中国的宇宙开发、军队国防、军事设备和预算等进行了详尽分析。

茅原郁生，日本拓殖大学名誉教授。曾任陆上自卫队联队长、师团幕僚长、陆将补、伦敦大学客座研究员、防卫研究所国际研究部部长、拓殖大学国际学院教授。研究方向为中国政治、军事，亚洲安全保障。

美根慶樹，略。

土屋大洋著. サイバー? テロ日米 vs. 中国. 東京：文藝春秋，2012.

网络恐怖主义：日美联合应对中国

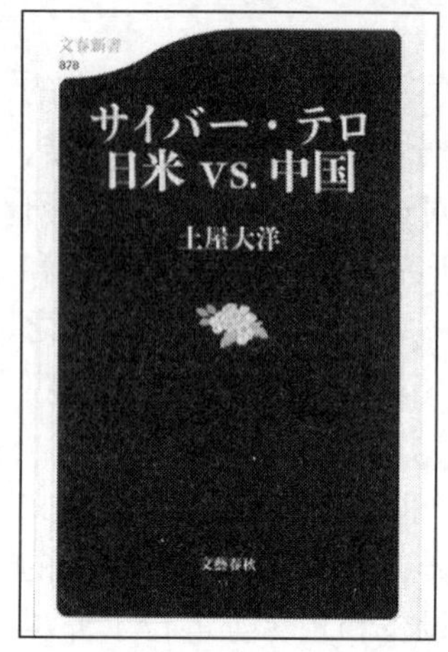

2006 年，美国前总统小布什启动代号“奥林匹克运动会”的网络攻击计划，沉重打击了伊朗的核设施系统，此举亦开启了网络战争时代。2007 年，以色列对叙利亚进行网络攻击，致盲叙利亚的雷达，并趁机轰炸其境内正在为朝鲜建设的相关核设施。2010 年，伊朗核设施再次遭到美国国防部 USB 代码入侵，从而导致 1000 余台电脑瞬间崩溃。2011 年，日本国会议员办公室内的 63 台电脑遭病毒感染，议员及其政治秘书的密码外泄……网络空间已成为继陆、海、空、宇宙之后的第五大作战空间。日本是较早开始关注网络安全的国家，本书作者曾作为政府信息安全政策会议的成员致力于网络安全政策的研究。在本书中，作者针对 2006 年之后的网络恐怖主义事件、网络战争现状和最新动向进行了简明易懂的解说。

土屋大洋，日本庆应义塾大学研究生院政策媒体研究科教授。主要研究领域为国际关系、信息社会、公共政策。

矢吹晋著．チャイメリカ：米中結託と日本の進路．東京：花伝社，2012.

中美共同体*：美中结盟与日本的出路

作者在本书中借用“中美共同体”一词深入分析中美关系。作者指出，中美虽然同床异梦，但双方都认同两国协调体系的构建，两国经济关联的紧密性毋庸置疑，政治和军事上的共同体关系也逐步显现。而日本在中美交锋中对两个国家的认识有误，作者认为，日本政府“指望被中国抓着钱包的美国依日本的意愿履行美日安保条约来保护日本简直是痴人说梦”。在探寻中日互不信任之原点一章，作者对日本外务省官僚在处理日本侵华历史问题、台湾问题和钓鱼岛争端等事务中篡改史实的行为进行了强烈批判。作者认为，在中日建交40周年之际，石原慎太郎充满恶意的言行极大地破坏了中日关系。日本的前进方向应该是积极外交，而不是抱着上世纪的各种观念不放。日本应该与积极参与全球事务、在亚太地区影响强大的中国寻求双赢型的和解。不论从短期还是长期来看，这一前进方向将最符合日本以及亚太地区的利益。

* 中美共同体（Chimerica，另译：中美国、中华美利坚）一词由美国哈佛大学著名经济史学教授尼尔·弗格森（Niall Ferguson）和柏林自由大学石里克教授共同创造，强调中美经济联系的紧密性。该词最早正式出现弗格森的著述《货币崛起：金融如何影响世界历史》（*The Ascent of Money*：*A Financial History of the World*，2008）一书中。

矢吹晋，日本横滨市立大学名誉教授，中国研究专家。主要研究领域为中国经济论和现代中国论。

五味洋治著．北朝鮮と中国：打算でつながる同盟国は衝突するか．東京：筑摩書房，2012.

朝鲜与中国：相互算计的盟友会发生冲突吗？

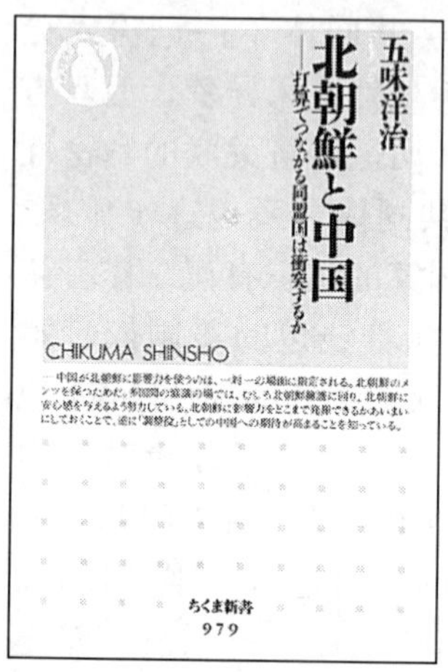

对朝鲜来说，中国犹如其赖以生存的生命线，能够提供粮食、能源、贸易、技术和安全方面的保障；于中国而言，朝鲜是重要的地缘政治缓冲带，且蕴藏着丰富的地下资源。两国貌似齐心协力，实则相互戒备。本书通过分析时而紧张时而合作的两国关系史，揭示了两国交往策略中各自的考量，剖析了朝核试验、导弹危机、朝鲜绑架日本人等问题，预测了朝鲜发生内乱或政府垮台后的中美关系走向，探究了能够左右整个远东地区局势的中朝关系发展趋势，为日本应采取的战略提供了建议。通过本书还可以了解朝鲜国内社会现状，以及朝鲜人民生活的一些变化。此外，书中还收录了 2012 年 4 月访朝的日本与朝鲜外交关系正常化交涉担当大使宋日昊的访谈录。本书作者与金正男保持了长达 7 年的电子邮件联络，是迄今唯一能与金正男保持长期联系的记者。

五味洋治，日本《东京新闻》编委，美国乔治城大学富布赖特访问学者。

吉田重信著．不惑の日中関係へ：元外交官の考察と提言．東京：日本評論社，2012.

不惑之年的中日关系：一个前外交官的考察与建言

本书作者对中日关系的现状和未来充满忧虑。作者曾于2010年出版《中国的漫长旅程：一个前外交官（中国观察家）的备忘录：日美中三角论之探究》[中国への長い旅：元外交官（チセイナ・ウオッチセ井）の備記録《日・米・中三角形》論へのアプローチ] 一书，论述日美中三边关系。较之《中国的漫长旅程》，本书对中日关系的论述更为详尽深入。面对近年来钓鱼岛问题导致的中日关系的恶化、两国国民不信任感的上升，作者在忧虑之余，针对日本外交提出了“无核非同盟中立政策”的建议。全书共四章，依次为当今中国——未完的“革命”；处在转折点的中日关系；中美夹缝下的日本如何存续；探索日本的未来。通观全书，作者的外交思想集中体现在“日美中三角”“中日知识竞争力”“东亚无核区构想”“睦亚亲欧”等关键词上。

吉田重信，日本行动派外交官兼中国研究专家，日中关系问题研究所所长。曾任驻台“使馆”书记官、驻华使馆书记官、驻上海总领事，驻温哥华总领事，驻文莱大使，驻尼泊尔大使等职。

川村純彦著．尖閣を獲りに来る中国海軍の実力：自衛隊はいかに立ち向かうか. 東京：小学館，2012.

“夺取”钓鱼岛的中国海军实力：自卫队的应对之策

在钓鱼岛问题日益加剧，中国海军不断发展，先后配备了航母、驱逐舰、隐身舰的情况下，日本海军战略和中国海军分析专家、曾经将前苏联潜水艇封锁在鄂霍次克海的原海军少将川村纯彦在本书中模拟、描绘了一场中日间可能发生的争夺钓鱼岛的军事冲突：中国特种部队伪装成渔民携带防空导弹和火箭筒等武器强行登陆钓鱼岛，随后中国政府宣布成功收复钓鱼岛。对此日方的反应是，日本首相下令“防卫出动”，即动用自卫队夺取钓鱼岛。自卫队发挥空中预警和反潜技术的绝对优势大败解放军，迫使中国军方撤离钓鱼岛海域。作者认为，海军的实力不在于武器的数量和性能，而在于战略与综合作战能力。日本海上自卫队的新型潜水艇有可能成为取胜的关键。

川村純彦，1960 年日本防卫大学校毕业后，加入日本海上自卫队，曾任反潜预警机飞行员、驻美大使馆武官、第五和第四航空群司令以及专门培养高级军官的参谋学校副校长。退伍后任 NPO 法人冈崎久彦研究所副理事长、日本战略研究论坛监事。

櫻井よしこ，国家基本問題研究所編．日本とインドいま結ばれる民主主義国家：中国「封じ込め」は可能か．東京：文藝春秋，2012.

日本与印度：结盟的民主主义国家能否“封锁”中国？

本书编者认为，印度将日俄战争视为有色人种挑战白人的战役，而将大东亚战争（日本对第二次世界大战时远东和太平洋战场的战争总称，日本认为这是为建立以日本为中心的“大东亚共荣圈”而与英国、美国等同盟国势力争夺殖民地的一场战争）视为印度独立的契机，这种认识与日本的历史观较为相似，同时两国又存在相同的民主主义价值观，因此日印两国具有构筑同盟关系的可能性，以联合对抗价值观相异的中国。

本书编者及日本国家基本问题研究所的成员对印度进行了访问，与多位政治家和专家学者交换了意见。本书收录了日印两国专家的文论，通过本书可以了解部分日本和印度政治家和学者的对华观点。

櫻井よしこ（櫻井良子），出生在法属印度支那。播音员、记者、职业撰稿人、日本国家基本问题研究所理事长。近年由于否认日本在二战中的过错和对中国的过激评价而被认为是新兴的右翼人物。

日中ジャーナリスト交流会議編．日中の壁．東京：築地書館，2012.

日中壁垒

本书收录了历届“中日媒体人士对话会议”日方代表的报告，内容涵盖中国政治、经济、社会、媒体以及中日关系等。报告人包括曾任《读卖新闻》驻中国总局长、现任北海道大学教授的藤野彰，曾任《朝日新闻》亚洲总局长及中国总局长、现任同志社大学教授的加藤千洋，曾任共同社中国总局长、现任共同社亚洲室长的中川洁，曾任《周刊 post》《周刊文春》记者的富坂聪，《产经新闻》主编乾正人，《周刊东洋经济》副主编西村豪太，曾任《日本经济新闻》华盛顿支局长的田势康弘，现任《读卖新闻》驻中国总局长的加藤隆则，共同社国外通信部部长渡边阳介，《朝日新闻》政治部记者仓重奈苗，日本经济新闻社社论委员兼编辑委员秋田浩之；共同社国际局企划委员兼多语种服务室室长河野彻，原朝日电视台台长、原日本民间放松联盟会长广濑道贞，朝日电视台宣传部客户服务部部长铃木裕美子。

日中ジャーナリスト交流会議（中日媒体人士对话会议）始于2007年，是由中国国务院新闻办公室和日本电通公司主办，中国驻日大使馆和日本外务省协办的非公开会议，每年一次，在东京和北京交替举办，中日双方各派七到八名媒体代表参加会议并就两国事务展开深入讨论。

「外交」編集委員会編．外交．特集（Vol. 15）．日中和解 40 年目の岐路．東京：時事通信社；外務省（発行），2012.

外交特辑：日中建交 40 年的十字路口

《外交》是日本外务省发行的政府出版物，是专门研究和讨论外交问题的连续性丛刊，刊载各行业、各阶层人士关于日本外交问题的各种观点。本书是《外交》系列丛刊的第 15 期，以特辑的形式专门探讨了当前，即日中建交第 40 个年头（1972—2012）的日中关系的现状，内容涉及日中相互认识的偏离，钓鱼岛问题，两国的历史观，民间交流，电影、音乐与外交，战争赔偿等问题，以及日中关系相关新闻报道和书评等。执笔者包括原驻华大使宫本雄二、早稻田大学教授刘杰、中央大学教授服部龙二、防卫大学校教授山口升、北海道大学教授藤野彰、外务大臣玄叶光一郎、自民党政调会代理会长林芳正、爱知县立大学副教授与那覇润、作家刘柠、九州大学副教授 Edward Vickers、政策研究大学院大学教授岩间阳子、音乐爱好者小栗勘太郎、同志社大学教授浜矩子、《朝日新闻》编委加藤洋一、早稻田大学教授重村智计、横滨市立大学名誉教授矢吹晋、原日本驻美国大使栗山尚一、纪实文学作家谭璐美、记者河内孝和伊奈久喜、东京大学教授藤原归一、原内阁总理大臣福田康夫等 30 余人。

「外交」編集委員会主编为日本实时通信社解说委员铃木美胜，编委有日本早稻田大学副教授阿古智子、《读卖新闻》调查研究总部池村俊郎、庆应义塾大学教授渡边靖。

白石隆，ハウ? カロライン著. 中国は東アジアをどう変えるか：21世紀の新地域システム. 東京：中央公論新社，2012.

中国将如何改变东亚：21 世纪的新地区体系

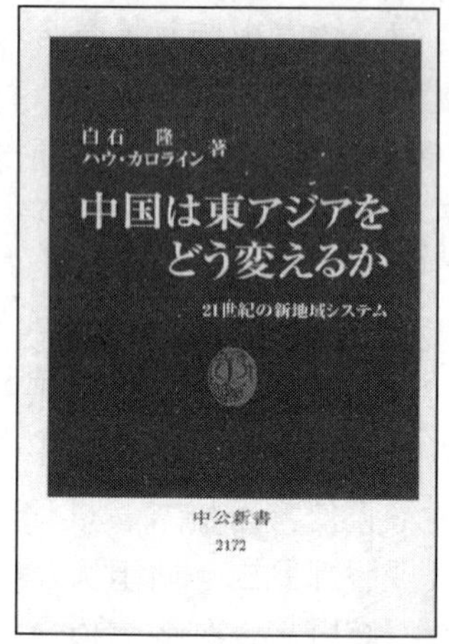

随着中国的强大，东亚将会发生怎样的变化？本书由活跃于东南亚研究领域的两位学者共同执笔，针对该问题发表了独特的见解。

目前，很多人简单地将东亚局势理解为中国将取代美国在这一地区拥有霸权，进而深感不安。作者批判了这种理解和预测的片面性，认为东亚现在正在经历的变化是“非常错综复杂的、多向且具有多重意义的”。在本书中，作者从历史和地缘政治的角度对东亚各国进行了详细分析，旨在就东亚地区秩序给出更加立体的描绘。作者指出，在探讨当今东亚地区秩序的时候，必须注意到以美国为中心的“安全保障体系”和以对华贸易为前提的“通商体系”之间存在的紧张关系。目前东亚地区的大多数国家采取的基本战略是一方面维持与美国的安全保障合作关系，一方面试图从中国经济发展中牟取更多的利益。作者认为，在全球化时代，活跃在世界各国的中国人是理解当代中国的关键，他们正站在打造新东亚的前线。

白石隆，东南亚研究专家，日本政策研究大学院大学校长。2007 年被日本政府授予紫绶褒章。

ハウ・カロライン（HAU，Caroline），日本京都大学东南亚研究中心副教授。研究领域为国际关系和区域研究。

茅原郁生著．中国軍事大国の原点：鄧小平軍事改革の研究．町田：蒼蒼社，2012.

中国军事大国的起点：邓小平军事改革研究

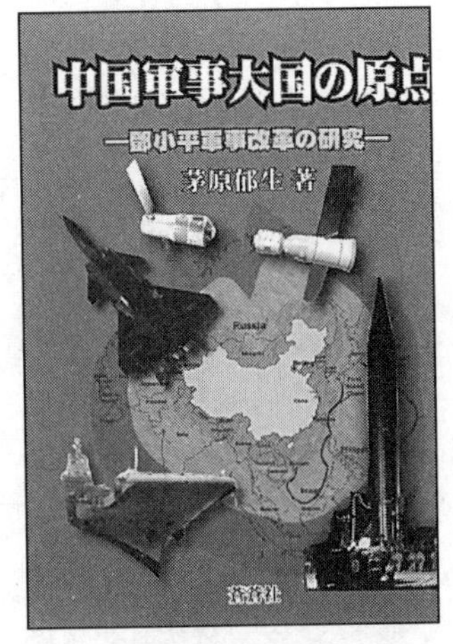

近年来，随着军事实力的增强，中国在海洋和太空领域的行动、航母出海、网络攻击等事件让美国和其他相关国家开始戒备中国。作者认为，要理解中国为何强化其军事力量、将强化至何种程度、保持军力不透明状态的原因等问题，不仅需要分析中国军事现状，还必须从起点探寻。中国强化军事力量的起点始于1980年代邓小平的军事改革，这一改革推动了中国军队从毛泽东时代的革命军队到适应时代需求的现代化国防军队的转变，在否定“世界大战不可避免”论的同时，削减了百万兵力，但提升了军队的战斗力。作者将数量庞大的公开资料进行了细致的分类，按照时间顺序推演出中国军事力量的变化和规模。通过本书可以了解国外对中国军事力量现状和未来发展动向的判断。

茅原郁生，略。

经济·能源

川島博之著. データで読み解く中国経済：やがて中国の失速がはじまる. 東京：東洋経済新報社，2012.

破解中国经济数据：即将失去活力的中国经济

迄今关于中国未来经济走向的分析大多是基于权威人士和专家学者的观点，或是基于政府的经济政策。本书作者是农学副教授，因而更多地是从农学而非经济学的角度出发，是基于中国的城市政策、农村政策和治理结构而非经济政策来撰写此书，这是本书在中国经济研究方法上的创新之处。本书的另一特点就是基于数据来分析中国经济现状，从而使得论证更加清晰，也更易于读者理解。本书参考、采用的数据既有国际能源机构（IEA）、世界银行等国际机构的数据，也有《中国统计年鉴》等中国国内数据，作者特别指出了各类数据中的相互矛盾之处。基于对日中两国人口结构和分布变化相似性的发现，作者认为，当土地经济泡沫破灭和基础设施投资建设接近极限时，中国的经济低迷期就要揭开序幕，届时对日本乃至全世界来说都将是一个噩耗。

川島博之，日本东京大学研究生院农学生命科学研究科副教授。曾任农林水产省农业环境技术研究所主任研究官、伦敦大学客座研究员。研究领域为环境经济学、农学。

戴二彪著．新移民と中国の経済発展：頭脳流出から頭脳循環へ．東京：多賀出版，2012.

新移民与中国的经济发展：从人才外流到人才循环

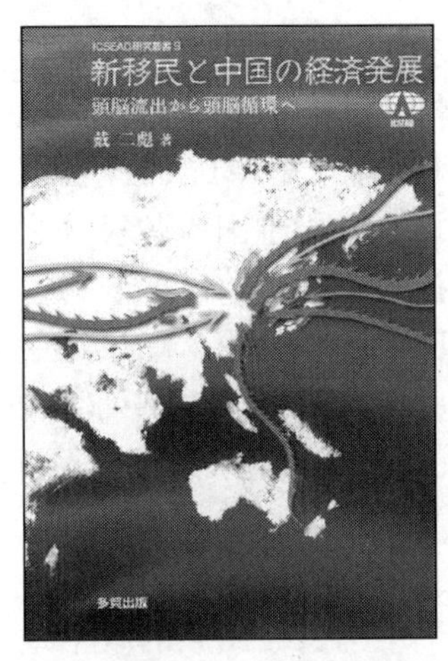

20世纪80年代之后，在东西方国家关系改善、信息通讯技术发展、世界交通日益便捷、经济全球化加速的大背景下，部分发达国家为应对少子化和人口高龄化问题的加剧，实施了技术移民政策，致使以中国、印度等国家为首的发展中国家受过高等教育的技术人员大量流入发达国家。传统的技术移民研究大多关注人才外流给发展中国家经济带来的不良影响，近年来已有学者和决策者注意到，人才外流也能给人才输出国带来某些积极影响。本书即以技术移民输出最多的中国为例，立足最新统计数据和调查资料，考察了改革开放后数百万中国新移民的去向分布和移动路径，分析、总结了从人才外流到人才循环的演变过程，论证了新移民对中国经济发展的贡献。

全书分三大部分共十个章节。第一部分概括了世界人口跨国流动的趋势以及发展中国家面临的政策课题；第二部分详细考察了改革开放后中国新移民的地区分布、人才外流至发达国家的具体情况，以及人才外流逐步转变为人才循环的过程；第三部分阐述了中国新移民在若干重要领域对中国经济发展所做的贡献。

戴二彪，出生于中国浙江。1997年获日本京都大学经济学博士学位，毕业后入职日本国际东亚研究中心工作至今，现为该研究中心主任研究员兼第3研究室（区域经济研究室）主任，日本国立九州大学经济学院客座教授。

大西広編著．中国の少数民族問題と経済格差．京都：京都大学学術出版会，2012.

中国的少数民族问题与区域经济差异

一般观点认为，社会不稳定的背后往往存在着复杂的历史和政治问题，但本论文集的作者们试图论证，造成社会不稳定的原因也许只是单纯的经济问题。本书第1章通过统计数据来分析中国少数民族之间的经济收入差距，第2章探讨民族自治区的农村人口的生计问题以及不同民族间的差异，第3章论述中国少数民族的劳动力转移与劳务输出，第4章列举和分析了新疆维吾尔自治区的企业和企业家数据，第5章针对企业精神、企业规模和企业形态进行了比较研究，第6章以调查访问的方式探究中国少数民族企业家的成长历程，第7章剖析了中国少数民族的政治地位以及教学语言等问题。本书各章撰写者主要是日本京都大学和中国新疆大学的学者。

大西広，日本庆应义塾大学经济学院教授、京都大学名誉教授。研究领域为马克思主义经济学、近代经济学、统计学。

古島義雄著．中国金融市場論：21 世紀初頭における地域的多様性を中心として．京都：晃洋書房，2012.

中国金融市场论：以 21 世纪初的地区多样性为中心

本书作者总结出中国经济的三大特点，即人均 GDP 从 100 美元提高到 4000 美元的发展中国家经济，从计划经济走向市场经济的过渡经济，由于国土辽阔、人口众多所导致的各地区发展阶段不尽相同的多样性经济。本书旨在从地区多样性的角度分析在这三大特点相互作用下的中国金融市场。

在市场经济下，金融与经济发展的关系密不可分，存贷款等金融活动直接影响实体经济的运转，而计划经济的资源分配由政府事先进行计划，金融几乎发挥不了作用。中国在向市场经济过渡的过程中，国家对资源分配的影响大幅度减小，分配给劳动者的附加价值大幅度增加，这时就需要发挥金融的作用，促使劳动者的一部分储蓄流向作为生产机构的企业。与此同时，中国还可以被视为处于不同发展阶段的多样性经济组成的共同体，这也使得各地区的金融发展出现阶段差异。

古島義雄，日本福山大学经济学院教授，立命馆亚洲太平洋大学客座教授。曾任长银综合研究所董事、世界银行东亚太平洋局高级开发专业官、玉川大学经营学院教授。主要研究方向为国际经济、比较经济、亚洲经济和中国经济。

真家陽一編著．中国経済の実像とゆくえ．東京：ジェトロ（日本貿易振興機構），2012.

中国经济的现状与未来

围绕中国经济课题与政策动向、产业与市场状况、日本企业在华商务三个主题，本书从日本贸易振兴机构定期出版的《中国经济月刊》中精选相关研究报告，并结合最新动态进行编辑和修订。

本书在序章里首先阐明了分析中国经济发展未来的若干视角。第1章剖析中国宏观经济与政策动向，探讨了中国经济将面对的四大课题：内陆地区主导的扩大内需政策、"主体功能区"规划的实现、中国货币战略以及中国综合能源政策的动向等。第2章探究中国产业及市场动向，具体剖析了中国汽车产业及流通产业的动向、富有商机的中国水处理膜市场、中国模具产业的现状、快速发展的中国工业机器人市场、老龄市场等。第3章研究日本企业对华商务，阐述了在华日系企业的实际情况、中国外资政策的变化、在华经营的风险管理、罢工问题、在华经商的知识产权管理、转移定价税制的动向、中国对日直接投资等方面的内容。

真家陽一，日本贸易振兴机构（JETRO）海外调查部中国北亚课课长。

历史·文化

井上清著．「尖閣」列島：釣魚諸島の史的解明．東京：第三書舘，2012.

“尖阁列岛”——钓鱼岛的历史解明

本书基于大量的文史资料和调查工作，论证了钓鱼岛无论在历史还是在法律范畴都是中国领土。作者认为，日本如在此建立军事基地，就等于“对着中国的鼻尖安了大炮”，“死灰复燃的日本军国主义企图通过蛮横无理地坚持钓鱼岛的主权，再次把日本人民卷进军国主义的旋涡之中”。本书附有日本江户时代后期政治学者林子平《三国通览图说》里的“琉球三省并三十六岛之图”。在该图上，钓鱼岛的颜色与中国本土相同，而有别于日本本土的颜色。本书内容最早见于1972年10月由现代评论社出版的作者的一部论述钓鱼岛和冲绳历史的著作，1996年10月第三书馆选取其中的第一部分“钓鱼岛问题”独立成书。

除本书外，作者还曾撰文《关于钓鱼岛等岛屿的历史和归属问题》《钓鱼岛是中国领土》等，均论证了钓鱼岛是中国领土，但其论证遭到日本国际法学者奥原敏雄等人的批判。

井上清（1913—2001），日本历史学家。日本文部省维新史料编辑顾问，京都大学名誉教授。曾为日本共产党党员，1967年，因发表支持中国“文化大革命”的言论而被日本共产党除名。战后曾多次参加日中友好活动，对日本侵华政策持批判立场，并积极支持日本原住民解放运动。

城戸久枝著．あの戦争から遠く離れて：私につながる歴史をたどる旅．東京：文藝春秋，2012.

远离那场战争之后：追溯与我紧密相连的那段历史

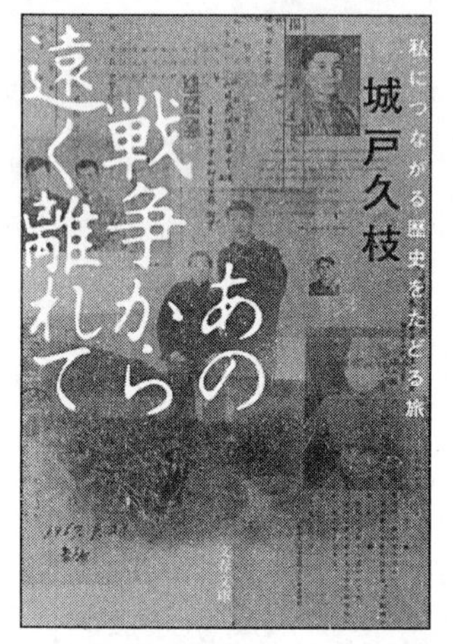

本书的主体内容是一部长篇报告文学，主人公孙玉福（日本名：城户干）是作者的父亲。孙玉福作为满洲日本遗孤，4 岁时被中国人傅淑琴收养，成人后因户籍上“日本民族”的出身，两入大学未果。之后数次致信日本红十字会，请求协助寻找日本亲人。最终于 1970 年回到日本，与曾任满洲军第一师高级军官的生父城户弥三郎团聚。本书作者也曾留学中国，书中内容融合了父女两代的在华经历。书的前半部分描写了父亲与亲生父母失散、被中国养父母收养、“文革”期间寻找日本亲人并最终返回日本的过程；后半部分则以女儿的角度，讲述自己留学中国时与没有血缘关系的中国亲戚的接触，并从中探寻和追溯了父亲的前半生。

本书首版（情報センター出版局，2007）获得第 39 回大宅壮一非小说奖、第 30 回讲谈社非小说奖等多个奖项。2009 年 4 月日本 NHK 电视台播出了与中国共同制作、根据本书改编的电视剧《遥远的羁绊》。此次由文艺春秋出版的文库本在首版内容基础上新增了篇后语，作者讲述了该书撰写和出版的过程、出版后的小插曲、电视剧拍摄内幕以及自己和父亲的生活现状等。此外本书还收录了野村进的解说。

城戸久枝，自由撰稿人。1997 年曾作为公费留学生赴中国吉林大学留学两年，主修汉语和现代中日关系史。

相关版本

城戸久枝．あの戦争から遠く離れて：私につながる歴史をたどる旅．情報センター出版局，2007.

貴堂嘉之著．アメリカ合衆国と中国人移民：歴史のなかの「移民国家」アメリカ．名古屋：名古屋大学出版会，2012.

美利坚合众国与中国移民：纵观美国的移民国家史

在本书中，作者一方面论述了从奴隶制国家向移民国家转型的过程中，华人对美国的国家建设发挥的重要作用；另一方面，作者站在亚洲的立场，对一贯被神话的美国“移民国家”的历史形象提出了疑问。全书由序论、一至六章和结语组成，其中六章内容又被划分成南北战争及重建期（移民开始流入至1882年）和《排华法案》签署后（1882—1906年）两个时期来展开分析。书中别具一格地采用了大量讽刺漫画作为史料插图。本书既是一部人种、性别、阶层等各种问题交缠的社会史研究著作，也是一部由移民贯穿、连结的全球史著作。作者设定的读者群不仅包括研究亚裔美国人历史和美国移民史的专家，也包括对中国近代史、日本近代史、全球劳动力流动的历史和理论、西方的东方趣味与种族主义、种族歧视等问题感兴趣的读者。

貴堂嘉之，日本一桥大学研究生院社会学研究科教授。

河野貴美子，張哲俊編．東アジア世界と中国文化：文学·思想にみる伝播と再創．東京：勉誠出版，2012.

东亚世界与中国文化：从文学、思想看传播与再创造

汉字的传播不仅是文字的传播，其影响力远远超越了文字本身，引发了一系列相似的文化现象，从而形成了一个文化共同体。中国文化在东亚地区是如何被分享、继承，又是怎样促生出新的文学和思想的？本书由来自不同国家的多位学者执笔，以不同的视线和立场，从历史的角度对中国文化的传播与再创造进行了多方面考察，通过重新建构在汉字与汉文化圈影响下形成的东亚学术文化史来捕捉东亚文化的特质。

本书执笔者包括早稻田大学文学学术院教授河野贵美子、高松寿夫、吉原浩人，明治大学教授 Michael G. Watson，新西兰奥克兰大学 Lawrence E. Marceau 副教授，北京师范大学文学院张哲俊教授，清华大学隽雪艳教授，北京外国语大学丁莉副教授，韩国世宗大学讲师金孝淑等。

河野貴美子，早稻田大学文学学术院教授，研究领域为中日古籍、比较文学。

張哲俊，北京师范大学教授，北京大学东方文学研究中心客座教授。研究领域为东亚古典比较文学。

中島隆博著．悪の哲学：中国哲学の想像力．東京：筑摩書房，2012.

恶的哲学：中国哲学的想象力

人类是否可以通过每个个体对自身行为的修正来去除世间的恶？在自然灾害引发的苦难情境下是否存在恶的问题？孔子、孟子、庄子、荀子等中国古代思想家们，无一不曾直面“恶”的问题并与之斗争。一般的观点经常把荀子的性恶论摆在孟子性善论的对立面，本书作者则指出，荀子的性恶论恰恰是继承自孟子的性善论，在经历了道家庄子的批判后才形成的。因为人性有恶，所以性恶论强调道德教育的必要性，力求通过人为努力来改变人性的自然状态，防止恶的出现。本书整理了清代之前中国哲学关于恶的思考，进而展开对恶的边界的探寻，与恶的抗争和对其残酷性的认可，以及对克服恶的方法的探索。作者试图从中国哲学的想象力里找出解决恶这一人类社会普遍存在的问题的方法。

中島隆博，日本东京大学东洋文化研究所副教授，主要研究领域为中国哲学。

譚璐美著．革命いまだ成らず：日中百年の群像．東京：新潮社，2012.

革命尚未成功：日中百年人物群像

本书的记述从中日甲午战争后不久由孙中山策划但未能成功的广东巡抚衙门爆炸事件开始，终于1925年孙中山去世。本书运用庞大的文献史料描绘了清末戊戌变法、革命派与旧体制的抗争、辛亥革命的成功以及革命理想的挫败，也论述了外国政府与民间舆论对于中国革命和革命者截然不同的态度——外国政府力图确保与清政府的外交关系，而民间人士则对中国革命派的理想产生了共鸣并提供支援。此外，本书对孙中山的好友、“大陆浪人”宫崎滔天，大亚细亚主义的提倡者头山满，日本近代杰出的生物学家和民俗学家南方熊楠等暗中支持辛亥革命的日本人给与了特别关注。辛亥革命后曾协助编制中国首部宪法的东京帝国大学教授寺尾亨等被历史淹没的人物也被发掘出来。作者认为，“描述中国和日本走过的百年将会成为思索下一个百年的重要线索”。

譚璐美，祖籍广东省高明县，在日本东京出生。自由撰稿人，纪实文学作家。曾任日本庆应义塾大学讲师、中国中山大学讲师。其父有中国国民党党员与中共地下党的双重身份，参加革命后为躲避国民党迫害而流亡日本。其大伯父是中国共产党创始人之一的谭平山。

奈倉京子著．帰国華僑：華南移民の帰還体験と文化的適応．東京：風響社，2012.

归国华侨：华南移民的归国体验与文化适应

华南地区是中国著名的侨乡，本书以广东台山海宴华侨农场为例考察了归国华侨的文化适应问题。20世纪50—70年代，从东南亚国家归国的华侨大致可分为两类，一类是受当地排华浪潮影响而被（半）强制归国的华侨，另一类则是为了升学或参加社会主义革命而自主或在父母规劝下回国的华侨，本书调研的对象为前者。这些被迫回国的华侨中的大多数都在国外出生和成长，从来没有在中国生活的经验。为了保障这些归国华侨的基本生活，中国政府开办了国营“华侨农场”，专门用来接收这些从未踏上祖国土地的归国人员。这些华侨在“华侨农场”度过了自然灾害、右派斗争、“文化大革命”等动乱岁月。作者通过考察归国华侨对新生活环境的适应过程和逐步中国化的过程，来深入探讨移民的身份认同和国家认同。从中也可以看到当时中国政府接纳华侨的方式与现今中国政府对待“海归”的方式具有共通之处。

迄今的归国华侨研究主要集中在经济层面的研究，而从文化适应的角度加以分析的研究成果较少。本书指出，除了物质生活环境以外，精神层面问题的解决是影响中国与海外移民关系的重要因素，对中国社会的发展也有较大的影响。

奈倉京子，日本静冈县立大学国际关系学院讲师。中国中山大学人文学院博士，厦门大学历史学系博士后。研究方向为文化人类学、中国移民研究、华南侨乡研究。

阿部幸夫著．幻の重慶〈二流堂〉[*]：日中戦争下の芸術家群像．東京：東方書店，2012.

重庆“二流堂”幻影：抗日战争时期的艺术家们

抗日战争时期，全国各地的著名作家和优秀艺术家汇集陪都重庆。一些居无定所的文化、戏剧、电影、美术、新闻界人士群聚在爱国华侨唐瑜为他们盖的简易房“二流堂”里。本书以《新华日报》为第一手参考资料，围绕“二流堂”内外相关人员，回顾了当时以戏剧为中心的重庆文化活动。第1章序幕，详述了为“二流堂”冠名的郭沫若的历史剧《屈原》的诞生；第2章介绍了吴祖光、夏衍、丁聪与黄苗子的交往；第3章介绍了“二流堂”的创建者、《二流堂纪事》的作者唐瑜；第4章描述了作为抗日宣传基地的香港；第5章介绍了具有国民党党员和共产党员双重身份，周旋于南京汪伪政府的潘汉年；第6、7、8、9章分别介绍了冯亦代、戴浩、夏衍和阳翰笙；第10和11章的主角是曹禺；第12章论述了老舍从作家转变为一流剧作家的过程；第13、14章具体分析了《野玫瑰》和《戏剧春秋》两部剧作；第15章描述了中华剧艺社剧作家陈白尘及其作品《大地回春》《结婚进行曲》和《升官图》的内容及上演过程；第16章介绍了1942年成立的中国艺术剧社的相关情况。

*二流堂：抗日战争期间，一批从上海等地转移到重庆的文化、戏剧、电影、美术、新闻界人士没有落脚地，爱国华侨唐瑜为他们搭了一座竹结构简易房。由于这些文化人大多没有固定职业，过着近于流浪的生活，遂相互戏称“二流子”。郭沫若去看望他们时随兴题匾“二流堂”。

阿部幸夫，日本实践女子大学研究生院退休教授。研究方向为中国近现代文学。

木越義則著．近代中国と広域市場圏：海関統計によるマクロ的アプローチ．京都：京都大学学術出版会，2012.

近代中国与广域市场圈：基于海关统计的宏观研究

本书通过对海关统计数字的详尽分析，追溯了1870年代至1940年代中国广域市场圈的伸缩、合并和分裂的历史。

第一章描述了银价的下跌使中国与欧洲的贸易扩大，促进了各通商港口市场圈的成长。第二章论述了农业部门在技术发展上的停顿不前使得通商港口市场圈的发展在1920年代走到尽头。第三章分析了第一次世界大战对上海工业投资的加速作用，上海得以借机将生产初级产品的长江流域转为上海工业产品的市场，形成农工双赢局面。两次世界大战之间，上海的工业化进一步发展，第四章针对这一时期进行了分析。第五章论述了关内市场圈的形成。为了填补满洲失陷的亏空，长江流域的初级产品涌入上海，上海的工业产品进入长江流域，两者的联系大大加强。同时华北和华南地区也参与进来，至此关内市场圈成立。第六章探讨了关内市场圈的分裂，这一时期工业与农业部门虽然维持了生产，但在规模上缩小了。第七章剖析了战后初期国民政府失败的经济政策。第八章和第九章针对海关统计分析的前提和方法进行了说明。

木越義則，日本京都大学研究生院经济学博士，大阪产业大学经济学院非常勤讲师。

渡辺美季著．近世琉球と中日関係．東京：吉川弘文館，2012.

近代琉球与中日关系

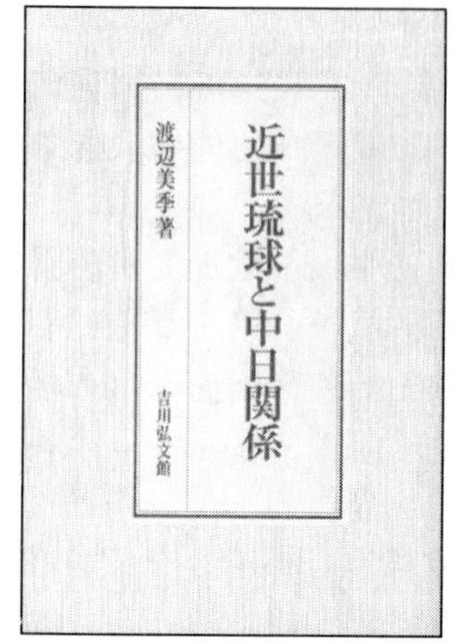

从1609年岛津（萨摩藩）入侵琉球开始到1879年琉球被日本兼并为止的这一时期，琉球一方面维持了自14世纪起延续的与中国明清两朝的君臣关系（册封、朝贡），另一方面又隶属于幕藩体制时期的日本管辖范围。也就是说，近代琉球以不同形式同时臣服于中国和日本，并且维持着本国自治。这一时期的大部分时间中国和日本没有建立国家间的外交关系。作者认为，当时的日本幕府承认清朝中国的优势地位，因而有意避免中日间的直接冲突，琉球则利用这一点使自己虽居于臣属地位，却又不会被完全吞并，在构筑夹缝中的国家的同时，也借助这种处境，从各个方面起到了联系和协调中日两国关系的间接作用。本书描述了“夹缝”国家管理模式是如何具体实施的，探究了琉球的外交思维，分析了琉球在东亚国家格局中的历史作用。

本书获得了第40届伊波普猷*奖。作者在书中提出了诸多大胆创新的观点。

*伊波普猷，冲绳民俗学家，冲绳学奠基人。

渡边美季，日本神奈川大学外国语学院助教。研究领域为东洋史。

神田豊隆著．冷戦構造の変容と日本の対中外交：二つの秩序観1960—1972．東京：岩波書店，2012.

冷战结构的变化与日本的对华外交：两种政治秩序观1960—1972

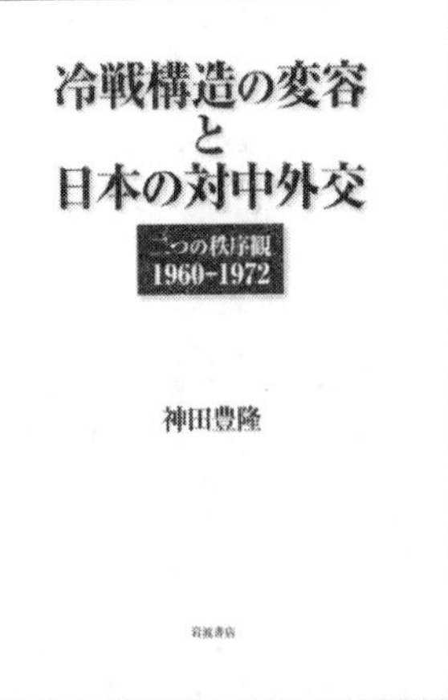

20世纪60年代，国际政治局势变化剧烈，从美日同盟与中苏同盟对峙，到美苏关系缓和并孤立中国，再到中美关系开始发展。在这一背景下，日本政府是从怎样的秩序观出发来部署对华外交战略，应对局势变化的呢？战后的日本政治家在这一时期形成了两派，以吉田茂、池田勇人、佐藤荣作和田中角荣等人为代表的保守本流派，主张日美中三国合作；以岸信介、石桥湛山、三木武吉等人为代表的反吉田派则主张日美中苏四国协商。本书对两派中的各位政治家在这一时期的发言进行了全方位调查，对日本外务省文书的形成背景也逐一进行了全面调查。针对文书及发言里阐述的主张是在何种状况下提出的，是临时起意还是被多次强调，主张背后存在何种意图等等，作者都以翔实的史料为基础进行了缜密地判别，提出了不少全新的观点。

神田豊隆，日本早稻田大学亚洲太平洋研究中心助教、放送大学讲师。研究方向是日本政治外交史、国际关系论。

入矢義高著．求道と悦楽：中国の禅と詩．［増補］．東京：岩波書店，2012.

求道与愉悦：中国的禅与诗（增补本）

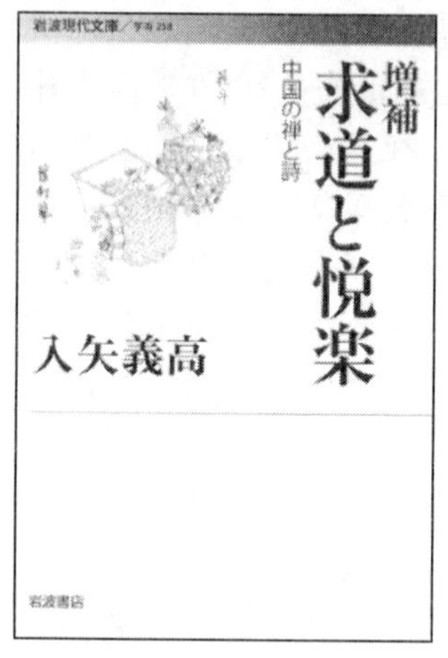

本书收录了解读禅语录的文论、随感、禅僧诗偈，通过寒山、董萝石的文字和《水浒》《老子》等中国古典文献，探讨了“禅与文学”的课题。在本书的序言中，作者否定了求道过程中苦乐无法并存的观点。作者认为，求道者在将其体验转化成文字的过程中会获得无上的喜悦，这也是本书定名的由来。

全书共五章。第一章借由解读寒山、庞居士、董萝石等人的诗文，提出“禅与文学”的课题。第二章阐释了在禅语录里频现的词语，诸如“这个”“什么”“作么生”“只没”“与没”“则”“是弥”“在”等联系上下文的准确含义。对这些禅语的传统解释往往都将其定位为附有禅宗哲理的含义高深的专业用语，超越一般人的理解逻辑，具有高度的象征性。但作者认为这些词语事实上都是生动的生活用语。第三章分析了禅语录里表现出的生死观和空观。第四章通过解读陶渊明的挽歌来讨论中国的隐士，作者在此指出中国的隐士与日本的隐士并没有共通之处。第五章作为对本书第一版（岩波书店，1983）的增补，收录了六篇以白居易、明代文人、变文、敦煌传说等为研究主题的论文、书评及访谈。

入矢義高（1910—1998），中国古典文学研究者，被誉为禅宗文献研究权威。曾任日本京都大学东方文化研究所研究员，名古屋大学、京都大学、花园大学教授。早年从事敦煌文献与语言学的研究，中年开始研究禅宗文献。

相关版本

入矢義高．求道と悦楽：中国の禅と詩．岩波書店，1983.

高原明生，服部龍二編．日中関係史 1972—2012 Ⅰ政治．東京：東京大学出版会，2012.

日中关系史 1972—2012 第一卷：政治卷

本书围绕日中邦交正常化 40 年来两国关系的 16 个重要话题，通过对两国国内状况以及国际环境诸因素的分析，考察此阶段的日中政治关系。主要议题涉及：1973—1975 年两国签订《日中航空运输协定》的过程和风波；1982 年日本文部省篡改高中历史教科书事件引发的中日关系危机；针对二战期间中国留日学生宿舍光华寮，中国大陆和台湾之间的产权纠纷始末；1992 年日本明仁天皇访华；小泉内阁及其当政期间日本民族主义高涨问题；日中之间的东海问题、钓鱼岛问题等等。

本书为“日中关系史 1972—2012”系列丛书的第一卷，另两卷分别为“经济篇”和“社会文化篇”。“日中关系史 1972—2012”系列丛书是笹川日中友好基金“日中关系史”研究项目的成果汇总，该项目历经三年，旨在从日方视角梳理和分析中日邦交正常化 40 年来的两国关系，希望有助于加深两国之间的相互理解和认识。整套丛书汇集了大约 60 名日中关系研究专家和学者的最新研究成果。

高原明生，东京大学研究生院法学政治学研究科教授。曾任笹川和平财团研究员、日本驻香港总领事馆专门调查员、立教大学法学院教授。研究领域为当代中国政治、东亚政治。

服部龍二，日本中央大学综合政策学院教授。主要研究领域为日本政治外交史、东亚政治史。

服部健治，丸川知雄編．日中関係史 1972—2012 Ⅱ経済．東京：東京大出版会，2012.

日中关系史 1972—2012 第二卷：经济卷

日本政府将钓鱼岛国有化成为日中关系恶化的导火线，日中关系陷入了自 1972 年建交以来最糟糕的局面。导致该现状的其实并非仅是钓鱼岛问题，而是两国实力变化、国民情感分歧、双方领导人变更、历史遗存问题等诸多因素的综合作用。如何缓解日中之间的紧张关系，如何破除对立的局面，理想的日中关系是何种面貌？这些都是日中双方应该深入思考的问题。

本书将两国邦交正常化 40 年期间日中经济关系的发展历程分为四个阶段，即：从日中正式建交到改革开放初始的时期（1972—1978）、改革开放到南巡讲话的时期（1979—1991）、南巡讲话到中国加入 WTO 时期（1992—2000）、加入 WTO 之后的时期（2001—2012），详细阐述了各个阶段中日经济的具体状况。本书收录了学者、政府和企业相关从业人员的论文，从多个角度探讨了日中经济交流的成果与课题，并对新的日中经济关系进行了展望。

本书是“日中关系史 1972—2012”系列丛书的第二卷，另两卷分别为“政治篇”和“社会文化篇”。

服部健治，日本中央大学研究生院战略经营研究科教授，兼任中日协会常务理事。曾任中日投资促进机构北京事务所首席代表、爱知大学现代中国学院教授、哥伦比亚大学东亚研究所客座研究员，在中国工作生活过 11 年。研究领域包括对华经营战略论、中国产业论、东亚经济论。

丸川知雄，日本东京大学社会科学研究所教授。曾任中国经营管理学会理事及会长、亚洲政经学会理事、日本现代中国学会理事、中国经济学会理事。主要研究领域为中国经济、中日经济关系。

園田茂人編．日中関係史 1972—2012 Ⅲ社会・文化．東京：東京大学出版会，2012.

日中关系史 1972—2012 第三卷：社会文化卷

2007 年在日中国人超过 60 万，超过朝韩两国成为在日外籍人员最多的国家。2010 年年末这个数字达到 68.7 万，且呈继续增长的趋势。与此同时，截至 2011 年 10 月，长期在华居住的日本人达到了 14 万，另据中国国家旅游局 2012 年的统计，每天约有 9600 名日本人访华。在如此频繁的往来背景下，本书从社会文化的角度回顾日中关系，梳理了日中建交 40 年来两国间社会文化交往方面的重大事件，包括租借日本大熊猫；东京池袋中华街的建设构想等等。本书从两国间的社会文化交流考察了日中之间相互认识的发展变化，以及这种发展变化对政治和经济领域产生的影响和作用。

本书为“日中关系史 1972—2012”系列丛书的第三卷，另两卷分别为“政治篇”和“经济篇”。

園田茂人，日本东京大学东洋文化研究所教授。研究领域为中国社会论、比较社会学。

志々目彰著．私記日中戦争史：年老いた幼年生徒はいま何を思うか．東京：日本僑報社，2012.

私人版中日战争史

本书是日本侨报社推出的第 18 部反战图书。曾经为日军“百人斩”罪行做证的本书作者以流畅的文笔详细记录了其在陆军军官学校学习期间迎来日本战败的心路历程、当年的军校生们对那场战争的反思以及作者对日中关系现状的忧虑。作者将本书视为留给子孙后代的遗言，希望日中永不再战，两国人民世代友好。

自 2000 年起，日本侨报社每年推出一到两部日语或日中双语的反战图书，之前出版的图书包括《我认识的鬼子兵》《日本新历史教科书批判》《一个人的抗战》《鬼子又来了》《尊严：走过半个世纪的花冈事件》《寻访伪满洲国的日本侵略遗迹》等。

志々目彰，1942 年太平洋战争爆发后进入日本大阪陆军幼年学校学习，1945 年从陆军预科军官学校转入鹿儿岛青年师范学校，1948 年毕业后从事教学工作的同时，积极参与工人运动和文化运动。1959 年入职东京劳济（现在的全劳济），直至 1988 年退休。1965—2000 年在自家开办儿童文库，2002 年捐赠 4000 册儿童图书给华中师范大学。

大東和重著．郁達夫と大正文学：「自己表現」から「自己実現」の時代へ. 東京：東京大学出版会，2012.

郁达夫与大正文学：从“自我表现”到“自我实现”的时代

郁达夫（1896—1945），名文，字达夫，出生于浙江省富阳县书香家庭。1913 年 10 月，郁达夫在长兄郁曼陀的帮助下赴日留学，先后在名古屋第八高等学校第三部（医科）和第一部（文科）、东京帝国大学（现东京大学）经济学院和文学院语言学科学习。至 1922 年 7 月归国，郁达夫在日本生活了约 9 年时间。在日本期间，郁达夫沉迷于文学，1921 年 6 月就读东京帝国大学的郁达夫与留学伙伴郭沫若、张资平、成仿吾等人成立文学团体“创造社”。同年 10 月处女作《沉沦》登陆上海文坛。较之其他同辈中国作家，郁达夫埋首文学更深。他精通日语、英语和德语，留日期间不仅阅读同时代的日本文学，还广泛涉猎当时流行于日本的各国文学和思想，他阅读、消化的大正时期（1912—1926）的日本和其他各国文学作品的数量足以匹敌同时期的日本作家。本书试图在郁达夫归国后创作的文学作品里寻找这种广泛的阅读经历留下的印迹。

大東和重，日本关西学院大学法学院副教授。研究领域为中日比较文学、台湾文学等。

吉川幸次郎著．中国の知恵：孔子について．東京：筑摩書房，2012.

中国的智慧：孔子

孔子生活在充满杀戮与阴谋的战乱时代，却提出了“仁”的思想，提倡人与人之间要互爱。《论语》记载了孔子及其弟子的言行，被尊为儒家经典著作，其带有文学韵味同时又含义深远的名句两千年来为人们所反复诵读。作为日本研究中国文学第一人，本书作者认为，贯穿《论语》一书的精神是一种透彻地肯定人类的精神，“如果说《论语》作为当今世界的教义有什么不当之处的话，那就是《论语》无论如何也称不上一部严厉的教义，它太过于肯定人类，是一部乐观的教义”。

本书的写作是面向孔子研究入门的读者，全书由六篇研究孔子精神与《论语》思想的论文组成，书中还援引了《春秋左氏传》等文献中的相关逸闻，并就这些逸闻的真实性给出作者自己的判断。

吉川幸次郎（1904—1980），中国文学和历史研究大家，著、译作品等身，《吉川幸次郎全集》（27卷，筑摩書房），《吉川幸次郎遺稿集》（筑摩書房）皆为有关中国文史之研究论著。曾任日本国立京都大学名誉教授，东方学会会长，日本艺术院会员，日本外务省中国问题顾问，京都日中学术交流座谈会顾问，日中文化交流协会顾问等职务。他的一生为中国文学在日本的普及做出了巨大贡献。

斎藤道彦編著．中国への多角的アプローチ．Ⅰ．八王子：中央大学出版部，2012.

多角度中国研究（第1辑）

本书执笔人均来自日本中央大学。全书分9章，从多角度探究了清代至现代中国。

第1章由经济学院副教授千叶谦吾执笔，通过清代天主教徒郭连成的著作《西游笔略》（1863）来探讨文化交流、外来词汇等问题。第2章由法学部教授李廷江执笔，通过分析《阳明文库》中的书信来探究近卫笃麿的对华政策，这也是日本亚洲主义者对华政策的原型。第3章的作者子安加余子是经济学院副教授，该章主要讨论周作人对安德鲁·朗格民俗学的研究。文学部教授佐藤元英在第4章就日本人在南满洲租赁土地的情况作了分析。经济学院教授深町英夫在第5章从各方面分析了蒋介石推行的新生活运动的性质，探索了该运动的思想渊源。在第6章经济学院教授土田哲夫介绍了出生在中国的美籍传教士毕范宇在中日战争时期对中国的援助以及对战时中国进行的国际宣传。第7章是经济学院教授斎藤道彦对1946年政治协商会议期间国共内战情况的调查。中央大学法学博士杜崎群杰在第8章探讨了中国共产党与苏联协议建立中国政治制度的过程。第9章由经济学院教授谷口洋志执笔，通过分析中国经济结构的变化来论述改革开放之后的中国经济发展阶段划分。

斎藤道彦，日本中央大学政策文化综合研究所研究员、经济学院教授。1985—1987年曾在南开大学进行访问研究。

阿南友亮著．中国革命と軍隊：近代広東における党・軍・社会の関係．東京：慶應義塾大学出版会，2012.

中国革命与军队：近代广东的共产党、军队和社会的关系

本书是研究 1920—1930 年代中国共产党在广东省组建军队的过程，以及与广东社会的关系的学术著作。本书最大的特点就是采取了实地考察的研究方法，作者多次前往广东省档案馆等机构查找相关内部文件，循着中国共产党的历史足迹走访了广东省大片农村地区。书中附有大量照片和地图，图文并茂。本书的选题意义在于挑战了传统的“土地革命战争”史观，从中国革命与军队建设的关系的角度出发，通过对党内相关文件及相关研究成果的分析，验证作者提出的中国共产党是以社会既有的武装力量为中心组建军队，继而开展革命的假设。

阿南友亮，日本东北大学研究生院法学研究科副教授。原驻华大使阿南惟茂之子，少时随父驻华多年。主要研究领域为中国近代政治史、现代中国政治。

附录：2012 年国外出版的中国研究著作目录

西文著作目录

政治·社会

英文

1. Anderson, Jonathan; Low, Edwin. *Endure: an intimate journey with the Chinese gymnasts.* Chicago: Serindia Contemporary, 2012.
2. Bai, Tongdong. *China: the political philosophy of the middle kingdom.* London; New York: Zed Books, 2012.
3. Bailey, Paul John. *Women and gender in twentieth-century China.* Basingstoke, England: Palgrave Macmillan, 2012.
4.* Bandelj, Nina; Solinger, Dorothy J. *Socialism vanquished, socialism challenged: Eastern Europe and China*, 1989 – 2009. New York: Oxford University Press, 2012.
5.* Beckett, Gulbahar H.; Postiglione, Gerard A. *China's assimilationist language policy: the impact on indigenous/minority literacy and social harmony.* London; New York: Routledge, 2012.
6. Béja, Jean-Philippe; Fu, Hualing; Pils, Eva. *Liu Xiaobo, Charter* 08, *and the challenges of political reform in China.* Hong Kong: Hong Kong University Press, 2012.
7. Benney, Jonathan. *Defending rights in contemporary China.* London; New York: Routledge, 2012.
8.* Berggruen, Nicolas; Gardels, Nathan. *Intelligent governance for the* 21*st century: a middle way between West and East.* US:Polity, 2012.
9. Berlie, Jean A. *The Chinese of Macau a decade after the handover.* Hong Kong: Proverse Hong Kong, 2012.
10. Bhalla, A. S.; Luo, Dan. *Poverty and exclusion of minorities in China and India.* Basingstoke; New York: Palgrave Macmillan, 2012.
11.* Bislev, Ane; Thøgersen, Stig. *Organizing rural China, rural China organizing.* Lanham, Md.: Lexington Books, 2012.
12. Blanchard, Jean-Marc F.; Hickey, Dennis V. *New thinking about the Taiwan issue: theoretical insights into its origins, dynamics, and prospects.* Milton Park, Abingdon, Oxon: Routledge, 2012.
13. Bodomo, Adams. *Africans in China: a sociocultural study and its implications on*

Africa-China relations. Amherst, NY: Cambria Press, 2012.

14. Bracken, Gregory. *Aspects of urbanization in China: Shanghai, Hong Kong, Guangzhou.* Amsterdam: Amsterdam University Press, 2012.
15. Brady, Anne-Marie. *China's thought management.* Abingdon, Oxon; New York: Routledge, 2012.
16. Brown, Kerry. *Hu Jintao: China's silent ruler.* Hackensack, NJ: World Scientific, 2012.
17. Burger, Richard. *Behind the red door: sex in China.* Hong Kong: Earnshaw Books, 2012.
18. Carrillo, Beatriz; Goodman, David S. G. *China peasants and workers: changing class identities.* Cheltenham, UK; Northampton, MA, USA: Edward Elgar, 2012.
19. Chan, Edward Ko Ling. *Child protection in Chinese societies: challenges and policies.* New York: Nova Science Publishers, 2012.
20. Chang, Lennon Yao-chung. *Cybercrime in the Greater China Region: regulatory responses and crime prevention across the Taiwan Strait.* Cheltenham, Glos, UK; Northampton, MA: Edward Elgar, 2012.
21. Chao, Emily. *Lijiang stories: shamans, taxi drivers, and runaway brides in reform-era China.* Seattle: University of Washington Press, 2012.
22. Chen, Jie. *Transnational civil society in China: intrusion and impact.* Cheltenham, UK; Northampton, MA: Edward Elgar, 2012.
23. Chen, Lei; Rhee, C. H. van. *Towards a Chinese civil code: comparative and historical perspectives.* Leiden: Martinus Nijhot, 2012.
24.* Chen, Sheying; Powell, Jason L. *Aging in China: implications to social policy of a changing economic state.* New York; London: Springer, 2012.
25. Chen, Weidong; Spronken, Taru. *Three approaches to combating torture in China.* Portland: Intersentia, 2012.
26. Chiang, Howard. *Transgender China.* New York, NY: Palgrave Macmillan, 2012.
27. Chilton, Paul; Tian, Hailong; Wodak, Ruth. *Discourse and socio-political transformations in contemporary China.* Amsterdam; Philadelphia: John Benjamins Pub. Co., 2012.
28. Chin, Ko-lin; Finckenauer, James O. *Selling sex overseas: Chinese women and the realities of prostitution and global sex trafficking.* New York: New York Univer-

sity Press, c2012.

29. China Development Research Foundation. *Constructing a social welfare system for all in China.* London; New York: Routledge, c2012.

30. Coase, Ronald. *How China became capitalist.* [s. l.]Palgrave, 2012.

31. Cockain, Alex. *Young Chinese in urban China.* Milton Park, Abingdon, Oxon; New York, NY: Routledge, 2012.

32. Collins, Neil; Cottey, Andrew. *Understanding Chinese politics: an introduction to government in the People's Republic of China.* Manchester: Manchester University Press, 2012.

33.* Cooney, Sean; Biddulph, Sarah; Zhu, Ying. *Law and fair work in China.* Abingdon, Oxon [UK]; New York: Routledge, 2012.

34. Cooper, Gene. *The market and temple fairs of rural China: red fire.* New York: Routledge, 2012.

35. Copper, John Franklin. *The KMT returns to power: elections in Taiwan* 2008 *to* 2012. Lanham, Maryland: Lexington Books, 2012.

36.* Dallmayr, Fred; Zhao Tingyang. *Contemporary Chinese political thought: debates and perspectives.* Lexington: University Press of Kentucky, 2012.

37. Delmas-Marty, Mireille; Will, Pierre-Étienne; Kuhn, Philip A.; Norberg, Naomi. *China, democracy, and law: a historical and contemporary approach.* Leiden; Boston: Brill, 2012.

38. Dillon, Michael. *China's future: direction and dilemmas.* [s. l.]: Routledge, 2012.

39. Ding, Chunyan. *Medical negligence law in transitional China.* Cambridge: Intersentia, 2012.

40. Ding, Xiaojiong. *Policy metamorphosis in China: a case study of minban education in Shanghai.* Lanham, Md.: Lexington Books, 2012.

41. Domenach, Jean-Luc; Holoch, George. *China's uncertain future.* New York: Columbia University Press, 2012.

42. Dreyer, June Teufel. *China's political system: modernization and tradition.* (8th ed.) Boston: Pearson Longman, 2012.

43. Fenby, Jonathan. *Tiger head, snake tails: China today, how it got there and where it is heading.* London: Simon & Schuster, 2012

44.* Fetzer, Joel S.; Soper, J. Christopher. *Confucianism, democratization, and human rights in Taiwan.* Lanham, Md.: Lexington Books, 2012.

45. Florence, Eric; Defraigne, Pierre. *Towards a new development paradigm in twenty-first century China: economy, society and politics.* New York: Routledge, 2012.

46.* Florini, Ann; Lai, Hairong; Tan, Yeling. *China experiments: from local innovations to national reform.* Washington, D. C.: Brookings Institution Press, 2012.

47. Gamer, Robert E. *Understanding contemporary China.* (4th ed.) Boulder, Colo.: Lynne Rienner Publishers, 2012.

48. Garrick, John. *Law and policy for China's market socialism.* Abingdon, Oxon [UK]; New York: Routledge, 2012.

49.* Griffiths, Michael B. *Consumers and individuals in China: standing out, fitting in.* London; New York: Routledge, 2012.

50. Guo, Sujian. *Chinese politics and government: power, ideology and organization.* New York: Routledge, 2012.

51. Guthrie, Doug. *China and globalization: the social, economic, and political transformation of Chinese society.* (3rd ed.) New York: Routledge, 2012.

52. Hou, Kuang-Hao. *State domination in modern China: an examination of the applicability of the IMEP model for the analysis of Chinese politics in the twentieth century.* Heidelberg, Vic.: Heidelberg Press, 2012.

53.* Hsiung, James C. *China into its second rise: myths, puzzles, paradoxes, and challenge to theory.* Singapore; Hackensack, N. J.: World Scientific, 2012.

54. Hsu, Jennifer Y. J.; Hasmath, Reza. *The Chinese corporatist state: adaption, survival and resistance.* London; New York: Routledge, 2012.

55. Huang, Hua-Lun. *The missing girls and women of China, Hong Kong, and Taiwan: a sociological study of infanticide, forced prostitution, political imprisonment, "ghost brides," runaways, and thrownaways,* 1900 – 2000*s*. Jefferson, N. C.: McFarland, 2012.

56.* Jeffreys, Elaine. *Prostitution scandals in China: policing, media and society.* New York, NY: Routledge, 2012.

57. Jin, Wen. *Pluralist universalism: an Asian Americanist critique of U. S. and Chinese multiculturalisms.* Columbus: Ohio State University Press, 2012.

58. Kam, Lucetta. *Shanghai lalas: female tongzhi communities and politics in urban China.* Hong Kong University Press, 2012.

59. Kipnis, Andrew B. *Chinese modernity and the individual psyche.* New York, NY: Palgrave Macmillan, 2012.

60.* Lai, Pak-sang; Byram, Michael. *Re-shaping education for citizenship: democratic national citizenship in Hong Kong.* Newcastle upon Tyne: Cambridge Scholars Pub., 2012.

61. Lam, Wai-man; Lui, Percy Luen-tim; Wong, Wilson. *Contemporary Hong Kong government and politics.* Hong Kong: Hong Kong University Press, 2012.

62. Larus, Elizabeth Freund. *Politics and society in contemporary China.* Boulder, Colo.: Lynne Rienner Publishers, 2012.

63. Law, Pui-lam. *New connectivities in China: virtual, actual and local interactions.* Dordrecht; New York: Springer, 2012.

64. Lee, Joseph Tse-Hei; Nedilsky, Lida V; Cheung, Siu-Keung. *China's rise to power: conceptions of state governance.* New York: Palgrave Macmillan, 2012.

65. Lehr, Kerstin. *The politics of education in contemporary China: policy reform, inequality and development in the people's republic.* [s. l.]: Tauris Academic Studies, 2012.

66.* Lemos, Gerard. *The end of the Chinese dream: why Chinese people fear the future.* New Haven: Yale University Press, 2012.

67. Li, Jun. *Pre-vocational education in germany and China: a comparison of curricula and its implications.* Wiesbaden: Springer VS, 2012.

68. Li, Peilin. *Chinese society: change and transformation.* New York: Routledge, 2012.

69.* Li, Peilin; *Roulleau-Berger, Laurence. China's internal and international migration.* London: Routledge, 2012.

70. Li, Yeping; Huang, Rongjin. *How Chinese teach mathematics and improve teaching.* New York: Routledge, 2012.

71. Liang, Sam. *Remaking China's great cities: space and culture in urban housing, renewal, and expansion.* [s. l.]: Routledge, 2012.

72. Liang, Zai. *The emergence of a new urban China: insiders' perspectives.* Lanham, Md.: Lexington Books, 2012.

73.* Loyalka, Michelle Dammon. *Eating bitterness: stories from the front lines of China's great urban migration.* Berkeley: University of California Press, 2012.

74. Lü, Caizhen. *Poverty and development in China: alternative approaches to poverty assessment.* Abingdon: Routledge, 2012.

75. Lu, Ding. *The great urbanization of China.* Hackensack, New Jersey: World Scientific, 2012.

76. Lu, Xueyi. *Social structure of contemporary China.* Singapore: World Scientific, 2012.

77. Lu, Yiyi. *Non-governmental organisations in China.* London; New York: Routledge, 2012.

78. Lubman, Stanley B. *The evolution of law reform in China: an uncertain path.* Cheltenham, UK; Northampton, MA, USA: Edward Elgar, 2012.

79. McGregor, James. *No ancient wisdom, no followers: the challenges of Chinese authoritarian capitalism.* Westport, CT: Prospecta Press, 2012.

80.* Miller, Tom. *China's urban billion: the story behind the biggest migration in human history.* London; New York: Zed Books, 2012.

81. Nesossi, Elisa. *China's pre-trial justice: criminal justice, human rights and legal reforms in contemporary China.* London: Wildy, Simmonds & Hill Pub., 2012.

82. O'Connor, Paul. *Islam in Hong Kong: muslims and everyday life in China's world city.* Hong Kong: Hong Kong University Press, 2012.

83. Ogden, Chris. *Handbook of China's governance and domestic politics.* Milton Park, Abingdon, Oxon; New York: Routledge, 2012.

84. Otis, Eileen M. *Markets and bodies: women, service work, and the making of inequality in China.* Stanford, California: Stanford University Press, 2012.

85.* Pai, Hsiao-Hung. *Scattered sand: the story of China's rural migrants.* London; Brooklyn, NY: Verso, 2012.

86. Pine, Nancy. *Educating young giants: what kids learn (and don't learn) in China and America.* New York, NY: Palgrave Macmillan, 2012.

87. Powell, Jason L. *China, aging, and theory.* New York: Nova Science Publishers, 2012.

88.* Pursiainen, Christer. *At the crossroads of post-communist modernisation: Russia and China in comparative perspective.* Houndmills, Basingstoke, Hampshire; New York: Palgrave Macmillan, 2012.

89. Qian, Jiwei; Blomqvist, Ake. *Health policy reform in China: a comparative perspective.* [s. l.]: *World Scientific Publishing Company*, 2012.

90.* Read, Benjamin Lelan. *Roots of the state: neighborhood organization and social networks in Beijing and Taipei.* Stanford, California: Stanford University Press, 2012.

91. Ren, Hai. *The middle class in neoliberal China: governing risk, life-building, and themed spaces.* Milton Park, Abingdon, Oxon; New York: Routledge, 2012.

92. Roulleau-Berger, Laurence; Li, Peilin. *European and Chinese sociologies: a new dialogue*. Leiden; Boston: Brill, 2012.

93. Ruan, Jiening; Leung, Cynthia B. *Perspectives on teaching and learning English literacy in China*. Dordrecht; New York: Springer, 2012.

94. Ruan, Jiening; Leung, Cynthia B. *Perspectives on teaching and learning Chinese literacy in China*. Dordrecht; New York: Springer, 2012.

95.* Schubert, Gunter; Ahlers, Anna L. *Participation and empowerment at the grassroots: Chinese village elections in perspective*. Lanham, Md.: Lexington Books, 2012.

96.* Shah, Angilee; Wasserstrom, Jeffrey. *Chinese characters: profiles of fast-changing lives in a fast-changing land*. Berkeley: University of California Press, 2012.

97. Shek, Daniel T. L.; Sun, Rachel C. F.; Merrick, Joav. *Developmental issues in Chinese adolescents*. Hauppauge, N. Y.: Nova Science Publisher's, 2012.

98. Shi, Chenxia. *Political determinants of corporate governance in China*. London; New York: Routledge, 2012.

99. Singh, Bhavna. *China's discursive nationalism: contending in softer realms*. New Delhi: Pentagon Press, 2012.

100. Stanley, Phiona. *A critical ethnography of Westerners teaching English in China: Shanghaied in Shanghai*. Milton Park, Abingdon, Oxon; New York: Routledge, 2012.

101. Stein, Gregory M. *Modern Chinese real estate law: property development in an evolving legal system*. Burlington, VT: Ashgate Pub., 2012.

102. Stockmann, Daniela. *Media commercialization and authoritarian rule in China*. Cambridge; New York: Cambridge University Press, 2012.

103. Su, Jian. *The evolution of the urban health care delivery system in China* 1949 – 2003: *the view from comparative institutional analysis*. Aachen: Shaker Verlag GmbH, Germany, 2012.

104. Sun, Wanning; Chio, Jenny. *Mapping media in China: region, province, locality*. Abingdon, Oxon; New York, NY: Routledge, 2012.

105. Sun, Wanning; Guo, Yingjie. *Unequal China: the political economy and cultural politics of inequality*. New York: Routledge, 2012.

106.* Sutherland, Dylan; Hsu, Jennifer *Y. J. HIV/AIDS in China: the economic and social determinants*. Milton Park, Abingdon, Oxon; New York: Routledge,

2012.

107. Tang, Wenfang; Lyengar, Shanto. *Political Communication in China: Convergence or Divergence Between the Media and Political System?* London; New York: Routledge, 2012.

108. Trevaskes, Susan. *The death penalty in contemporary China.* New York, NY: Palgrave MacMillan, 2012.

109. Tsang, Steve. *The vitality of Taiwan: politics, economics, society and culture.* Houndmills, Basingstoke, Hampshire: Palgrave Macmillan, 2012.

110. Urio, Paolo. *China, the West and the myth of new public management: neoliberalism and its discontents.* London; New York: Routledge, 2012.

111. Wang, Ban; Lu, Jie. *China and new left visions: political and cultural interventions.* Lanham, Md.: Lexington Books, 2012.

112.* Wang, Gungwu. *Renewal and Revolution: The Chinese State in the Global Age.* Hong Kong: The Chinese University Press, 2012.

113. Wang, Gungwu; Zheng, Yongnian. *China: development and governance.* Hackensack, N. J.: World Scientific, 2012.

114. Wang, Xiaoqi. *China's civil service reform.* Abingdon: Routledge, 2012.

115.* Wang, Zheng. *Never forget national humiliation: historical memory in Chinese politics and foreign relations.* New York: Columbia University Press, 2012.

116.* Watson, Peggy. *Health care reform and globalisation: the US, China and Europe in comparative perspective.* London; New York: Routledge, 2012.

117.* Webber, Michael John. *Making capitalism in rural China.* Cheltenham: Edward Elgar, 2012.

118. Wei, C. X. George. *China-Taiwan relations in a global context: Taiwan's foreign policy and relations.* New York: Routledge, 2012.

119. Wells-Dang, Andrew. *Civil society networks in China and Vietnam: informal pathbreakers in health and the environment.* New York: Palgrave Macmillan, 2012.

120.* Wheeler, Norton. *The role of American NGOs in China's modernization: invited influence.* Abingdon, Oxon; New York: Routledge, 2012.

121. Winter, Tim. *Shanghai expo: an international forum on the future of cities.* New York: Routledge, 2012.

122. Wong, Kam C. *Cyberspace governance in China.* New York: Nova Science Publishers, 2012.

123. Wong, Kam C. *One country, two systems: cross-border crime between Hong Kong and China.* New Brunswick, N. J.: Transaction Publishers, 2012.

124. Wong, Kam C. *Police reform in China.* Boca Raton, FL: CRC Press, 2012.

125. Wong, Kam C. *Policing in Hong Kong.* Farnham, Surrey; Burlington, VT: Ashgate Pub., 2012.

126. Wong, Yi-Lee. *Social mobility in post-war Hong Kong. After getting ahead.* New York: Nova Science Publishers, 2012.

127. Wu, Weiping; Gaubatz, Piper. *The Chinese city.* Abingdon, Oxon; New York, NY: Routledge, 2012.

128.* Xin, Xin. *How the market is changing China's news: the case of Xinhua News Agency.* Lanham: Lexington Books, 2012.

129.* Xing, Jun; Ng, Pak-sheung; Cheng, Chunyan. *General education and the development of global citizenship in Hong Kong, Taiwan and mainland China: not merely icing on the cake.* Milton Park, Abingdon, Oxon; New York: Routledge, 2012.

130. Xu, Huang; Bond, Michael Harris. *Handbook of Chinese organizational behavior: integrating theory, research and practice.* Cheltenham, UK; Northampton, MA: Edward Elgar, 2012.

131. Xu, Jing. *Chinese urban poor older people's life: an agentic approach.* New York: Peter Lang, 2012.

132. Xue, Hanqin. *Chinese contemporary perspectives on international law: history, culture and international law.* The Hague, Netherlands: Hague Academy of International Law, 2012.

133.* Yaghmaian, Behzad. *The accidental capitalist: a people's story of the new China.* London: Pluto Press, 2012.

134. Yip, Kam-Shing. *Pedagogy of power, oppression and empowerment: a Chinese cultural articulation.* Hauppauge, N. Y.: Nova Science Publishers, 2012.

135. Young, Doug. *The party line: how the media dictates public opinion in modern China.* Singapore: John Wiley & Sons Singapore Pte. Ltd., 2012.

136. Yu, Jianxing; Guo, Sujian. *Civil society and governance in China.* New York: Palgrave Macmillan, 2012.

137. Yu, Jianxing; Zhou, Jun; Jiang, Hua. *A path for Chinese civil society: a case study on industrial associations in Wenzhou, China.* Lanham: Lexington Books, 2012.

138. Yuan, Zaijun. *The failure of China's democratic reforms.* Lanham, Md.: Lexington Books, 2012.
139. Zhang, Qianfan. *The constitution of China: a contextual analysis.* Oxford; Portland, Oregon: Hart Publishing, 2012.
140. Zhong, Yang. *Political culture and participation in rural China.* Milton Park, Abingdon, Oxon; New York: Routledge, 2012.
141. Zhou, Yunbo; Qin, Yan. *Empirical analysis on income inequality of Chinese residents.* Berlin; New York: Springer, 2012.
142. Zhou, Zhuying; Ching, Gregory. *Taiwan education at the crossroad: when globalization meets localization.* New York: Palgrave Macmillan, 2012.
143. Zhu, Xufeng. *The rise of think tanks in China.* Milton Park, Abingdon Oxon; New York: Routledge, 2012.
144. Zhu, Ying. *Two billion eyes: the story of China Central Television.* New York: New Press, 2012.

意大利文

145. Franceschini, Ivan. *Cina. net. Post dalla Cina del nuovo millenio.* Milano: O barra O edizioni, 2012.
146. Fumian, Marco. *Figli unici. Letteratura, società e ideologia nella Cina contemporanea.* Venezia: Cafoscarina, 2012.
147. Lupano, Emma. *Ho servito il popolo cinese. Media e potere nella Cina di oggi.* Milano: Francesco Brioschi Editore, 2012.
148. Montrella, Sonia; ... [et al.]. *Cina, la primavera mancata.* Roma: L'asino d'oro edizioni, 2012.
149. Visetti, Giampaolo. *Cinesi. Come vive, lavora, ama il popolo che comanda il mondo.* Milano: Feltrinelli, 2012.

法文

150.* Bideau, Florence Graezer. *La danse du yangge: culture et politique dans la Chine du XXe siècle.* Paris: Éditions La Découverte, 2012.
151. Bosquet-Denis, Jean-Bernard. *Droit pénal des affaires en Chine: essai.* Nantes: Éd. Amalthée, 2012.
152.* Buchalet, Jean-Luc; Sabatier, Pierre. *La Chine, une bombe à retardement: bulle économique, déséquilibres sociaux, menace environnementale: la fin d'un*

système? Paris: Eyrolles, impr., 2012.

153. Duanmu, Mei; Tertrais, Hugues. *Espaces croisés*. Paris: Éd. de la Maison des sciences de l'homme, impr., 2012.

154. Le Bail, Hélène. *Migrants chinois hautement qualifiés: mobilité transnationale et identité citoyenne des résidents chinois au Japon*. Paris: Les Indes savantes, impr., 2012.

155. Leclerc du Sablon, Jacques. *Chemin faisant dans le siècle chinois*. Paris: Éd. Karthala, impr., 2012.

156.* Maisonneuve, Eric de La. *Chine: l'envers et l'endroit*. Paris: Editions du Rocher, 2012.

157. Meyer, Éric. *Cent drôles d'oiseaux de la forêt chinoise: chroniques pas si ordinaires de la vie des chinois d'aujourd'hui*. La Tour d'Aigues: Éd. de l'Aube, impr., 2012.

158.* Pradines, Anne-Marie; Lafaye, Hélène. *La Chine: de retour au milieu du monde*. Paris: Ellipses, 2012.

159. Toccoli, Vincent-Paul. *Shanghai* 2020: *le mythe & l'eutopie*. Nice: Les éditions Ovadia, 2012.

160. Wang, Jing. *Les migrations intérieures en Chine: le système du Hukou*. Paris: l'Harmattan, 2012.

俄文

161. Горшков, М. К.; Ли, Пэйлинь; Голенкова, З. Т. *Россия и Китай: Изменения в социальной структуре общества*. Москва: Новый хронограф, 2012.

162. Комиссина, Ирина Николаевна. *Научные и аналитические центры Китая. Справочник*. Москва: РИСИ, 2012.

163. Ловелл, Джулия. *Необычайно восхитительно: архитектура и власть в Китае*. Москва: Strelka Press, 2012.

164. Млечин, Леонид Михайлович. *Китай-великая держава номер один*? Санкт-Петербург: БХВ-Петербург, 2012.

165. Ульяненко, Виктор Васильевич. *Шокирующий Китай*. Всё, что вы не хотели о нем знать: руководство к пониманию. Санкт-Петербург: Вектор, 2012.

德文

166. Bösch, Matthias. *Soziale Sicherung in China: Bestandsaufnahme und Ausblick.* Marburg: Tectum, 2012.

167. Du, Peter Jingnong. "*Ich wollte einfach nicht weiterleben*": *Plädoyer für eine interdisziplinär verantwortete Seelsorge bei Depressivität und Suizidalität von Frauen in China.* Frankfurt am Main; New York: Peter Lang, 2012.

168. Steinberg, Johanna. *Sozialer Wohnungsbau in den Städten Chinas.* Hamburg: Diplomica-Verlag, 2012.

外交·安全

英文

169. Adhikari, Pushpa. *China, threat in South Asia.* [s. l.]: Lancer Publishers, 2012.

170.* Bader, Jeffrey A. *Obama and China's rise: an insider's account of America's Asia strategy.* Washington, D. C.: Brookings Institution Press, 2012.

171. Bangui, Thierry. *China, a new partner for Africa's development: are we heading for the end of European privileges on the Black continent?* Hauppauge, N. Y.: Nova Science Publisher's, 2012.

172. Bedeski, Robert E.; Swanström, Niklas. *Eurasia's ascent in energy and geopolitics: rivalry or partnership for China, Russia and Central Asia?* London; New York: Routledge, 2012.

173.* Blasko, Dennis J. *The Chinese Army today: tradition and transformation for the 21st century.* (2nd edition); New York: Routledge, 2012.

174. Blumenthal, Dan; Swagel, Phillip. *An awkward embrace: the United States and China in the 21st century.* Washington, D. C.: AEI Press, 2012.

175. Boyd, Julia. *A dance with the dragon: the vanished world of Peking's foreign colony.* London; New York: I. B. Tauris, 2012.

176.* Chan, Gerald; Lee, Pak K.; Chan, Lai-Ha. *China engages global governance: a new world order in the making?* Abingdon, Oxon; New York: Routledge, 2012.

177.* Chan, Steve. *Looking for balance: China, the United States, and power balan-*

cing in East Asia. Stanford, California: Stanford University Press, 2012.

178. Cheung, Tai Ming. *China's emergence as a defense technological power*. London: Routledge, 2012.

179. Chow, Peter C. Y. *National identity and economic interest: Taiwan's competeing options and their implications for regional stability*. New York: Palgrave Macmillan, c2012.

180. Cooperman, Roger; Foster, Alexander J. *Chinese military modernization: select analyses and implications*. New York: Nova Publishers, 2012.

181.* Dellios, Rosita; Ferguson, R. James. *China's quest for global order: from peaceful rise to harmonious world*. Lanham, Md.: Lexington Books, 2012.

182. Dezan Shira & Associates. *China's neighbors: who is influencing China and who China is influencing in the new emerging Asia*. Heidelberg: Springer, 2012.

183.* Elleman, Bruce A.; Kotkin, Stephen; Schofield, Clive. *Beijing's power and China's borders: twenty neighbors in Asia*. Armonk, N. Y.: M. E. Sharpe, 2012.

184. Er, Lam Peng; Teo, Victor. *Southeast Asia between China and Japan*. Newcastle upon Tyne: Cambridge Scholars Publishing, 2012.

185. Fung, K. C.; García-Herrero, Alicia. *Sino-Latin American economic relations*. London; New York: Routledge, 2012.

186.* Gilboy, George J.; Heginbotham, Eric. *Chinese and Indian strategic behavior: growing power and alarm*. Cambridge; New York: Cambridge University Press, 2012.

187.* Gross, Donald. *The China fallacy: how the U. S. can benefit from China's rise and avoid another cold war*. New York: Bloomsbury, 2012.

188. Guo, Baogang; Teng, Chung-chian. *Taiwan and the rise of China: cross-strait relations in the twenty-first century*. Lanham: Lexington Books, 2012.

189. Guo, Xuezhi. *China's security state: philosophy, evolution, and politics*. Cambridge; New York: Cambridge University Press, 2012.

190. He, Kai; Feng, Huiyun. *Prospect theory and foreign policy analysis in the Asia Pacific: rational leaders and risky behavior*. New York, NY: Routledge, 2012.

191. Hong, Nong. *UNCLOS and ocean dispute settlement: law and politics in the South China sea*. Abingdon, Oxon; New York: Routledge, 2012.

192.* Hu, Nien-Tsu Alfred; McDorman, Ted L. *Maritime issues in the south china sea: troubled waters or a sea of opportunity*. Abingdon, Oxon: Routledge, 2012.

193. Huang, Wei-Chiao; Zhou, Huizhong. *Dragon versus eagle: the Chinese economy and U. S. -China relations.* Kalamazoo, Michigan: W. E. Upjohn Institute for Employment Research, 2012.

194. Huang, Xiaoming; Patman, Robert G. *China and the International System: Becoming a World Power.* New York: Routledge, 2012.

195. Itoh, Mayumi. *Pioneers of Sino-Japanese relations: Liao and Takasaki.* New York, NY: Palgrave Macmillan, 2012.

196.* Johnson, Thomas A. *Power, national security, and transformational global events: challenges confronting America, China, and Iran.* Boca Raton: CRC Press/Taylor & Francis, 2012.

197. Kavalski, Emilian. *Central Asia and the rise of normative powers: contextualizing the security governance of the European Union, China, and India.* New York; London: Bloomsbury Pub., 2012.

198. Kavalski, Emilian. *The Ashgate research companion to Chinese foreign policy.* Farnham, Surrey, England; Burlington, Vt.: Ashgate, 2012.

199.* Kemp, Geoffrey. *The East moves West: India, China, and Asia's growing presence in the Middle East.* Washington, D. C.: Brookings Institution Press, 2012.

200. Knaus, John Kenneth. *Beyond Shangri-La: America and Tibet's move into the twenty-first century.* Durham, NC: Duke University Press, 2012.

201. Kopiński, Dominik; Polus, Andrzej; Taylor, Ian. *China's rise in Africa: perspectives on a developing connection.* Abingdon, Oxon: Routledge, 2012.

202. Kueh, Y. Y. *Pax sinica: geopolitics and economics of China's ascendance.* Hong Kong: Hong Kong University Press, 2012.

203. Kush, Linda. *The rice paddy navy: U. S. sailors undercover in China: espionage and sabotage behind Japanese lines during World War II.* Botley, Oxford, United Kingdom: Osprey Publishing, 2012; New York, NY, USA: Osprey Publishing, Inc., 2012.

204.* Lai, Benjamin. *The Chinese People's Liberation Army since* 1949: *ground forces.* Oxford: Osprey, 2012.

205. Lai, Hongyi; Lu, Yiyi. *China's soft power and international relations.* New York: Routledge, 2012.

206.* Lanteigne, Marc; Hirono, Miwa. *China's evolving approach to peacekeeping.* London; New York: Routledge, 2012.

207.* Laruelle, Marlène; Peyrouse, Sébastien. *The Chinese question in Central Asia:*

domestic order, social change and the Chinese factor. London: Hurst & Company, 2012.

208. Lee, Ann. *What the U. S. can learn from China: an open-minded guide to treating our greatest competitor as our greatest teacher.* San Francisco: Berrett-Koehler Publishers, 2012.

209. Leehy, Anthony G.; *Wildstein, John J. Military and security developments in China.* Hauppauge, N. Y.: Nova Science Publishers, 2012.

210. Li, Mingjiang. *China joins global governance: cooperation and contentions.* Lanham: Lexington Books, 2012.

211. Li, Xing; Christensen, Steen Fryba. *The rise of China: the impact on semi-periphery and periphery countries.* Aalborg, Denmark: Aalborg University Press, 2012.

212. Liang, Wei; Khilji, Faizullah. *China and East Asia's post-crises community: a region in flux.* Lanham, Md.: Lexington Books, 2012.

213.* Luttwak, Edward N. *The Rise of China vs. the Logic of Strategy.* Cambridge, Massachusetts: The Belknap Press of Harvard University Press, 2012.

214. Mohan, C. Raja *Samudra Manthan: Sino-Indian rivalry in the Indo-Pacific.* Washington, D. C.: Carnegie Endowment for International Peace, c2012.

215.* Nathan, Andrew J.; Scobell, Andrew. *China's search for security.* New York: Columbia University Press, 2012.

216. Nau, Henry R.; Ollapally, Deepa M. *Worldviews of aspiring powers: domestic foreign policy debates in China, India, Iran, Japan and Russia.* New York: Oxford University Press, 2012.

217.* Odgaard, Liselotte. *China and coexistence: Beijing's national security strategy for the twenty-first century.* Washington, D. C.: Woodrow Wilson Center Press; Baltimore: Johns Hopkins University Press, 2012.

218. Olimat, Muhamad. *China and the Middle East: from Silk Road to Arab Spring.* Milton Park, Abingdon, Oxon: Routledge, 2012.

219.* Ong, Russell. *China's strategic competition with the United States.* Abingdon, Oxon; New York: Routledge, 2012.

220. Pan, Zhongqi. *Conceptual gaps in China-EU relations: global governance, human rights and strategic partnerships.* Houndmills, Basingstoke, Hampshire: Palgrave Macmillan, 2012.

221. Power, Marcus; Alves, Ana Cristina. *China and Angola: A Marriage of Conven-*

ience? Pambazuka Press, 2012.

222. Power, Marcus; Mohan, Giles; Tan-Mullins, May. *China's resource diplomacy in Africa: powering development*? Basingstoke Hampshire; New York: Palgrave Macmillan, 2012.

223. Raghavan, K. N. *Dividing lines: contours of India-China conflict.* [s. l.]: Leadstart Publishing Pvt Limited, 2012.

224. Reilly, James. *Strong society, smart state: the rise of public opinion in China's Japan policy.* New York: Columbia University Press, 2012.

225. Reilly, James; Yuan, Jingdong. *Australia and China at* 40. Sydney, N. S. W.: New South Publishing, 2012.

226. Rothwell, Matthew D. *Transpacific revolutionaries: the Chinese revolution in Latin America.* New York: Routledge, 2012.

227.* Rozman, Gilbert. *East Asian national identities: common roots and Chinese exceptionalism.* Washington, D. C.: Woodrow Wilson Center Press; Stanford, Calif.: Stanford University Press, 2012.

228. Saalman, Lora. *The China-India Nuclear Crossroads.* Washington, D. C.: Carnegie Endowment for International Peace, 2012.

229.* Shambaugh, David. *Tangled titans: the United States and China.* Lanham, Md.: Rowman & Littlefield, 2012.

230.* Shinn, David Hamilton; Eisenman, Joshua. *China and Africa: a century of engagement.* Philadelphia: University of Pennsylvania Press, 2012.

231.* Smith, Ivian C.; West, Nigel. *Historical dictionary of Chinese intelligence.* Lanham, Md.: Scarecrow Press, 2012.

232.* Smith, Martin A. *Power in the changing global order: the US, Russia and China.* Cambridge UK; Malden MA: Polity, 2012.

233.* Steinberg, David I.; Fan, Hongwei. *Modern China-Myanmar relations: dilemmas of mutual dependence.* Copenhagen: NIAS Press, 2012.

234. Strauss, Julia C; Armony, Ariel C. *From the Great Wall to the New World: China and Latin America in the 21st century.* Cambridge: Cambridge University Press, 2012.

235.* Sun, Jing. *Japan and China as charm rivals: soft power in regional diplomacy.* Ann Arbor: University of Michigan Press, 2012.

236. Sutter, Robert G. *Chinese foreign relations: power and policy since the Cold War* (*3rd ed.*). Lanham, Md.: Rowman & Littlefield Publishers, 2012.

237. Swanstrom, Niklas; Kokubun, Ryosei. *Sino-japanese relations: rival or partner for regional cooperation?* Singapore: Hackensack;N. J. : World Scientific, 2012.

238.* Tellis, Ashley J. ; Tanner, Travis. *China's military challenge.* Seattle; Washington, D. C. : National Bureau of Asian Research, 2012.

239.* Tselichtchev, Ivan. *China versus the West: the global power shift of the 21st century.* Hoboken, N. J. : Wiley, 2012.

240. Upadhya, Sanjay. *Nepal and the geo-strategic rivalry between China and India.* London; New York: Routledge, 2012.

241.* Vogt, Roland. *Europe and China: strategic partners or rivals?* Hong Kong: *Hong Kong University Press*, 2012.

242. Wang, Huiyao. *Globalizing China: the influence, strategies and successes of Chinese returnee entrepreneurs.* Bingley, U. K. : Emerald, 2012.

243.* Wang, Yi. *AustraliaHong KongChina relations post 1949: sixty years of trade and politics.* Farnham, England; Burlington, VT: Ashgate, 2012.

244. Wouters, Jan; Wilde, Tanguy de; Defraigne, Pierre. *China, the European union and global governance.* Northampton, MA: Edward Elgar Pub. , 2012.

245. Wu, Guang. *The third Sino-Japanese war: dream of Pacific Empire.* New York: Nova Science Publishers, Inc. , 2012.

246. Wu, Guoguang. *China's challenges to human security: foreign relations and global implications.* Abingdon, Oxon; New York: Routledge, 2012.

247.* Wuthnow, Joel. *Chinese diplomacy and the UN Security Council: beyond the veto.* London; New York: Routledge, 2012.

248. Yang, Daqing. *Toward a history beyond borders: contentious issues in Sino-Japanese relations.* Cambridge, Mass. : Harvard University Asia Center, 2012.

249. Yu, Peter Kien-hong. *International governance and regimes: a Chinese perspective.* London; New York: Routledge, 2012.

250. Zhang, Biwu. *Chinese perceptions of the U. S. : an exploration of China's foreign policy motivations.* Lanham: Lexington Books, 2012.

法文

251.* Bokilo, Julien. *La Chine au Congo-Brazzaville: stratégie de l'enracinement et conséquences sur le développement en Afrique.* Paris: l'Harmattan, 2012.

252. Delannoy, Sylvia. *Géopolitique des pays émergents: ils changent le monde.* Paris: Presses universitaires de France; [Grenoble]: [Grenoble École de manage-

ment, ESC], impr., 2012.

253. Delaunay, Jean-Claude. *La Chine, la France, la France, la Chine: éléments d'une discussion.* Pantin: Fondation Gabriel Péri, 2012.

254.* Frachon, Alain; Vernet, *Daniel. La Chine contre l'Amérique: le duel du siècle.* Paris: B. Grasset, impr., 2012.

255.* Gabas, Jean-Jacques; Champonnière, Jean-Raphaë*l. Le temps de la Chine en Afrique: enjeux et réalités au sud du Sahara.* Paris: Karthala: GEMDEV, impr., 2012.

256.* Gaillard-Sborowsky, Florence; Puig, Emmanuel; Sourbès-Verger, Isabelle. *Analyse comparée de la stratégie spatiale des pays émergents: Brésil, Inde, Chine.* Paris: IRSEM, Institut de recherche stratégique de l'École militaire, 2012.

257. La Rivière, Franck de. *Vers un monde bipolaire?* Lausanne; Paris: l'Âge d'homme, impr., 2012.

258.* Maréchal, Bernard. *Le grand jeu sino-américain: essai sur le devenir du monde.* Villeurbanne: Éd. Golias, impr., 2012.

259.* Mbabia, Olivier. *La Chine en Afrique: histoire, géopolitique, géoéconomie.* Paris: Ellipses, impr., 2012.

260.* Tourré, Brian. *De la "Francafrique" à la "Chinafrique": quelle place pour le développement africain?* Paris: L'Harmattan, 2012.

261. Yabili, Marcel. *Le géant d'Afrique, le géant d'Asie: histoire d'un combat méconnu.* Paris: l'Harmattan, 2012.

俄文

262. Буяров Д. В. *Современный Китай в системе международных отношений.* Москва: КРАСАНД, 2012.

263. Галенович, Юрий Михайлович. "*Войны Нового Китая*" *и его дипломатическая служба.* Москва: Восточная книга, 2012.

264. Горбунова, С. А.; Богданова, А. Н. *Проблемы глобализации в трудах современных китайских ученых.* Москва: Ин-т Дальнего Востока, 2012.

265. Нестерова, Ольга Александровна; Шершнев, Илья Леонидович. *Общественная дипломатия и межкультурные коммуникативные стратегии (на примере российско-китайского взаимодействия).* Москва: Изд-во Московского гуманитарного ун-та, 2012.

266. Фролова, Иветта Юрьевна. *Развитие китайско-американских связей и*

стабильность международных отношений. Москва: РИСИ, 2012.

德文

267.* Schmidt, Dirk; Heilmann, Sebastian. *Außenpolitik und Außenwirtschaft der Volksrepublik China.* Wiesbaden: Springer VS, 2012.

经济·能源

英文

268.* Aglietta, Michel; Bai, Guo. *China's development: capitalism and empire.* Abingdon, Oxon; New York: Routledge, 2012.

269.* Alas, Ruth; Gao, Junhong. *Crisis management in Chinese organizations: benefiting from the changes.* Houndmills, Basingstoke, Hampshire; New York: Palgrave Macmillan, 2012.

270. Alon, Ilan; Fetscherin, Marc; Gugler, Philippe. *Chinese international investments.* Houndmills, Basingstoke, Hampshire; New York: Palgrave Macmillan, 2012.

271. Amineh, M. Parvizi; Yang, Guang. *Secure oil and alternative energy: the geopolitics of energy paths of China and the European Union.* Leiden; Boston: Brill, 2012.

272.* Anderson, G. E. *Designated drivers: how China plans to dominate the global auto industry.* Singapore: John Wiley & Sons Sirgapore Pte. Ltd. , 2012.

273. Andrews-Speed, C. P. *The governance of energy in China: transition to a low-carbon economy.* Houndmills, Basingstoke, Hampshire; New York: Palgrave Macmillan, 2012.

274.* Aoki, Masahiko; Wu, Jinglian. *The Chinese economy: a new transition.* New York, NY: Palgrave Macmillan, 2012.

275.* Bagchi, Amiya Kumar; D'Costa, Anthony P. *Transformation and development: the political economy of transition in India and China.* New Delhi: Oxford University Press, 2012.

276. Bergstrom, Mary. *All eyes East: lessons from the front lines of marketing to China's youth.* New York, NY: Palgrave Macmillan, 2012.

277. Buck, Daniel. *Constructing China's capitalism: Shanghai and the nexus of ur-*

ban-rural industries. New York, NY: Palgrave Macmillan, 2012.

278. Burgh, Hugo de; Zeng, Rong. *China's environment and China's environment journalists: a study*. Bristol, UK; Chicago: Intellect, 2012.

279.* Cabestan, Jean-Pierre; Di Meglio, Jean-François; Richet, Xavier(李国维). *China and the global financial crisis: a comparison with Europe*. Abingdon, Oxon; New York, NY: Routledge, 2012.

280. Chan, Cheris Shun-ching. *Marketing death: culture and the making of a life insurance market in China*. New York, N. Y.: Oxford University Press, 2012.

281. Chapman, Jake J.; Marshall, Upton N. *China's banking system, currency policy and economic conditions*. New York: Nova Science Pub Inc., 2012.

282. Chaston, Ian. *Strategy for sustainable competitive advantage: surviving declining demand and China's global development*. New York: Routledge, 2012.

283. China industrial map editorial committee...et al. *Industrial map of China's financial sectors*. Singapore; New Jersy: World Scientific Pub., 2012.

284. Chen, Gang. *China's climate policy*. London; New York: Routledge, 2012.

285. Chow, Gregory C. *China as a leader of the world economy*. Singapore; Hackensack, N. J.: World Scientific, 2012.

286. Christensen, Steen Hyldgaard...[et al.]. *Engineering development and philosophy: American, Chinese and European perspectives*. Dordrecht; New York: Springer, 2012.

287. Cooke, Fang Lee. *Human resource management in China: new trends and practices*. Abingdon, Oxon; New York: Routledge, 2012.

288. Crane, Keith...[et al.]. *An outline of strategies for building an innovation system for Knowledge city*. Santa Monica, CA: Rand Corporation, 2012.

289. Dahlman, Carl J. *The world under pressure: how China and India are influencing the global economy and environment*. Stanford, California: Stanford University Press, 2012.

290. Devine, Mark T. *Agricultural trade in China*. New York: Nova Science Publishers, 2012.

291. DeWeaver, Mark A. *Animal spirits with Chinese characteristics: investment booms and busts in the world's emerging economic giant*. New York: Palgrave Macmillan, 2012.

292. Di Tommaso, Marco R.; Rubini, Lauretta; Barbieri, Elisa. *Southern China: industry, development, and industrial policy*. London; New York: Routledge,

2012.

293. Ding, Ke. *Market platforms, industrial clusters and small business dynamics: specialized markets in China.* Cheltenham, UK; Northampton, MA: Edward Elgar, 2012.

294.* Doctoroff, Tom. *What Chinese want: culture, communism, and China's modern consumer.* New York: Palgrave Macmillan, 2012.

295. Dodson, Bill. *China fast forward: the technologies, green industries and innovations driving the mainland's future.* Singapore; Hoboken N. J.: John Wiley & Sons, 2012.

296. Farooki, Masuma; Kaplinsky, Raphael. *The impact of China on global commodity prices: the global reshaping of the resource sector.* Abingdon; New York: Routledge, 2012.

297. Fornés, Gastón; Philip, Alan Butt. *The China-Latin America axis: emerging markets and the future of globalisation.* Basingstoke; New York: Palgrave Macmillan, 2012.

298. Foster, John Bellamy. *The endless crisis: how monopoly-finance capital produces stagnation and upheaval from the USA to China.* New York: Monthly Review Press, 2012.

299. Fu, Xiaolan. *China's role in global economic recovery.* Abingdon, Oxon; New York: Routledge, 2012.

300. Gao, Yuning. *China as the workshop of the world: an analysis at the national and industry level of China in the international division of labor.* Abingdon, Oxon; New York: Routledge, 2012.

301. Gassmann, Oliver; Beckenbauer, Angela; Friesike, Sascha. *Profiting from innovation in China.* Berlin; New York: Springer, 2012.

302. Gimpel, Denise; Nielsen, Bent; Bailey, Paul J. *Creative spaces: seeking the dynamics of change in China.* Copenhagen: NIAS Press, 2012

303. Gong, Gang. *Contemporary Chinese economy.* London; New York: Routledge, 2012.

304. Grivoyannis, Elias C. *The new Chinese economy: dynamic transitions into the future.* New York: Palgrave Macmillan, 2012.

305. Hale, Galina; Long, Cheryl. *Foreign direct investment in China: winners and losers.* Singapore; Hackensack, NJ: World Scientific, 2012.

306. Harris, Rick; Martin, William K. *State-owned enterprises and state capitalism in*

China. New York: Nova Science Pub Inc, 2012.

307. Hawes, Colin S. C. *The Chinese transformation of corporate culture.* New York: Routledge, 2012.

308. Huang, Xiaoming; Tan, Alexander C.; Bandyopādhyāýa, Śekhara. *China, India and the end of development models.* Houndmills, Basingstoke, Hamphire; New York: Palgrave Macmillan, 2012.

309. Huang, Yiping; Yu, Miaojie. *China's new role in the world economy.* London; New York, NY: Routledge, 2012.

310.* Knight, John B.; Ding, Sai. *China's remarkable economic growth.* Oxford: Oxford University Press, 2012.

311. Koepp, Robert W. *Betting on China: Chinese stocks, American stock markets, and the wagers on a new dynamic in global capitalism.* Singapore: John Wiley & Sons Singapore, 2012.

312. Kong, Qingjiang. *China-EU trade disputes and their management.* Singapore: World Scientific, 2012.

313. Lardy, Nicholas R. *Sustaining China's economic growth after the global financial crisis.* Washington, DC: Peterson Institute for International Economics, 2012.

314. Lee, Chun-Yi. *Taiwanese business or Chinese security asset?: a changing pattern of interaction between Taiwanese businesses and Chinese governments.* Abingdon, Oxon; New York: Routledge, 2012.

315. Lee, Michael Justin. *The Chinese way to wealth and prosperity: 8 timeless strategies for achieving financial success.* New York: McGraw-Hill, 2012.

316.* Lewis, Joanna I. *Green Innovation in China: China's wind power industry and the global transition to a low-carbon economy.* New York: Columbia University Press, 2012.

317. Li, Kui Wai. *Economic freedom: lessons of Hong Kong.* Singapore; Hackensack, N.J.: World Scientific, 2012.

318. Li, Linda Chelan. *Rural tax reform in China: policy process and institutional change.* Milton Park, Abingdon, Oxon; New York: Routledge, 2012.

319. Li, Mimi; Wu, Bihu. *Urban tourism in China.* London; New York: Routledge, 2012.

320. Li, Xiaoyun... [et al.]. *Agricultural development in China and Africa: a comparative analysis.* New York, NY: Earthscan from Routledge, 2012.

321. Liu, Bing-lian... [et al.]. *Contemporary logistics in China: transformation and*

revitalization. [s. l.]: Springer, 2012.

322. Ma, Hao; Lin, Shu; Liang, Neng. *Corporate political strategies of private Chinese firms.* London; New York: Routledge, 2012.

323.* Ma, Hengyun; Oxley, Les. *China's energy economy: situation, reforms, behavior, and energy intensity.* Berlin; New York: Springer, 2012.

324. Ma, Jianbo. *The land development game in China.* Lanham, Md.: Lexington Books, 2012.

325. Malik, Khalid. *Why has China grown so fast for so long?* New Delhi; Oxford: Oxford University Press, 2012.

326. McKinnon, Ronald I. *The unloved dollar standard: from Bretton Woods to the rise of China.* New York, NY: Oxford University Press, 2012.

327. Mei, Lei. *Conducting business in China: an intellectual property perspective.* Oxford, UK; New York: Oxford University Press, 2012.

328. Moosa, Imad A. *The US-China trade dispute: facts, figures and myths.* Cheltenham: Edward Elgar, 2012.

329. Mu, Yang; Heng, Michael S. H. *Global financial crisis and challenges for China.* Singapore: World Scientific, 2012.

330. Nankervis, Alan R... [et al.]. *New models of human resource management in China and India.* London; New York: Routledge, 2012.

331. Nee, Victor; Opper, Sonja. *Capitalism from below: markets and institutional change in China.* Cambridge, Mass.: Harvard University Press, 2012.

332.* Nie, Winter; Dowell, William; Lu, Abraham. *In the shadow of the dragon: the global expansion of Chinese companies: how it will change business forever.* New York: AMACOM, 2012.

333. Nolan, Jane. *Western bankers in China: institutional change and corporate governance.* [s. l.]: Routledge, 2012.

334.* Nolan, Peter. *Is China buying the world?* Cambridge, UK; Malden, MA: Polity Press, 2012.

335. Ong, Lynette H. *Prosper or perish: credit and fiscal systems in rural China.* Ithaca: Cornell University Press, 2012.

336. Paik, Keun Wook. *Sino-Russian oil and gas cooperation: the reality and implications.* Oxford: Oxford University Press, 2012.

337. Palit, Amitendu. *China-India economics: challenges, competition and collaboration.* Milton Park, Abingdon, Oxon; New York: Routledge, 2012.

338. Pang, Laikwan. *Creativity and its discontents: China's creative industries and intellectual property rights offenses.* Durham, NC: Duke University Press, 2012.

339. Petti, Claudio. *Technological entrepreneurship in China: how does it work?* Cheltenham: Edward Elgar, 2012.

340. Peverelli, Peter J.; Song, Jiwen. *Chinese entrepreneurship: a social capital approach.* Heidelberg: Springer, 2012.

341.* Rein, Shaun. *The end of cheap China: economic and cultural trends that will disrupt the world.* Hoboken, New Jersey: John Wiley & Sons, Inc., 2012.

342. Ren, Yongqing. *A comparative study of the corporate bankruptcy reorganization law of the US and China.* The Hague, Netherlands: Eleven International, 2012.

343. Rosemarin, Arno...[et al.]. *The challenges of urban ecological sanitation: lessons from the Erdos eco-town project.* Rugby, Wanwickshire, UK: Practical action publishing, 2012.

344. Roy, Kartik Chandra; Blomqvist, Hans; Clark, Cal. *Economic development in China, India and East Asia: managing change in the twenty first century.* Cheltenham; Northampton: Edward Elgar, 2012.

345. Saich, Tony; Hu, Biliang. *Chinese village, global market: new collectives and rural development.* New York, NY: Palgrave Macmillan, 2012.

346. Sanderson, Henry; Forsythe, Michael. *China's Superbank: Debt, Oil and Influence: How China Development Bank Is Rewriting the Rules of Finance.* Singapore: Wiley, 2012.

347. Seibert, Andreas. *The colors of growth: China's Huai River.* [s. l.]: *Lars Muller Publishers*, 2012.

348. Shapiro, Judith. *China's environmental challenges.* Cambridge, U. K.; Malden, MA: Polity Press, 2012.

349. Sharkey, Nolan Cormac. *Taxation in ASEAN and China: local institutions, regionalism, global systems and economic development.* London; New York, NY: Routledge, 2012.

350. Sheng, Hong; Zhao, Nong. *The nature, performance, and reform of state-owned enterprises: a China's case.* Singapore; London; Hackensack, N. J.: World Scientific, 2012.

351.* Silverstein, Michael J...[et al.]. *The $10 trillion prize: captivating the newly affluent in China and India.* Boston: Harvard Business Review Press, 2012.

352. Someren, Taco C. R. van; Someren-Wang, Shuhua van. *Green China: sustain-*

able growth in east and west. Heidelberg; London: Springer, 2012.

353. Song, Ligang; Liu, Haimin. *The Chinese steel industry's transformation: structural change, performance and demand on resources.* Cheltenham, UK; Northampton, MA: Edward Elgar, 2012.

354. Szlezaák, Nicole A. *The making of global health governance: China and the global fund to fight AIDS, tuberculosis, and malaria.* New York: Palgrave Macmillan, 2012.

355. Tang, Sumei; Selvanathan, Eliyathamby A.; Selvanathan, Saroja. *China's economic miracle: does FDI matter?* Cheltenham: Edward Elgar, 2012.

356. Taylor, Robert. *International business in China: understanding the global economic crisis.* Abingdon, Oxon: Routledge, 2012.

357. *The BRICS report: a study of Brazil, Russia, India, China, and South Africa with special focus on synergies and complementarities.* New Delhi: Oxford University Press, 2012.

358. Ueta, Kazuhiro. *CDM and sustainable development in China: Japanese perspectives.* Hong Kong: Hong Kong University Press; Sakyo, Kyoto, Japan: Kyoto University Press, 2012.

359.* Walter, Carl E.; Howie, Fraser J. T. *Red capitalism: the fragile financial foundation of China's extraordinary rise.* (2nd ed. and updated) Singapore; Hoboken, N. J.: Wiley, 2012.

360. Wang, Junmin. *State-market interactions in China's reform era: local state competition and global-market building in the tobacco industry.* London; New York, NY: Routledge, 2012.

361. Wang, Mengkui. *Thirty years of China's reform.* Abingdon, Oxon; New York, NY: Routledge, 2012.

362. Wang, Weiguang...[et al.]. *China's climate change policies.* New York: Routledge, 2012.

363.* Wedeman, Andrew Hall. *Double paradox: rapid growth and rising corruption in China.* Ithaca: Cornell University Press, 2012.

364. Whalley, John. *China's trade, exchange rate and industrial policy structure.* New Jersey: World Scientific, 2012.

365. Woo, Wing Thye...[et al.]. *A new economic growth engine for China: escaping the middle-income trap by not doing more of the same.* Singapore; Hackensack, N. J.: World Scientific; London: Imperial College Press, 2012.

366. Wright, Tim. *The political economy of the Chinese coal industry: black gold and blood-stained coal.* Abingdon, Oxon; New York: Routledge, 2012.

367. Wu, Chien-Huei. *WTO and the greater China: economic integration and dispute resolution.* Leiden; Boston: Martinus Nijhoff Publishers, 2012.

368. Wu, Kang. *Energy economy in China: policy imperative, market dynamics, and regional developments.* New Jersey: World Scientific, 2012

369. Wu, Yanrui. *Understanding economic growth in China and India: a comparative study of selected issues.* Singapore; New Jersey: World Scientific, 2012.

370. Xia, Donglin. *Case studies on Chinese enterprises.* Abingdon, Oxon: Routledge, 2012.

371. Xiao, Honggen. *Contemporary perspectives on China Tourism.* Abingdon, Oxon; Rouledge, 2012.

372. Xiao, Weibing. *Freedom of information reform in China: information flow analysis.* Milton Park, Abingdon, Oxon; New York: Routledge, 2012.

373. Xu, Yi-chong. *The political economy of state-owned enterprises in China and India.* New York: Palgrave Macmillan, 2012.

374. Yang, Dali L. *The Global recession and China's political economy.* New York: Palgrave Macmillan, 2012.

375. Yang, Ming; Yang, Fan. *Negotiation in decentralization: case study of China's carbon trading in the power sector.* London; New York: Springer, 2012.

376. Yeh, Anthony G. O.; Yang, Fiona F. *Producer services in China.* Milton Park, Abingdon, Oxon; New York: Routledge, 2012.

377. Yip, Kwok-wah. *The uniqueness of China's development model*, 1842 – 2049. Singapore; Hackensack, N. J.: World Scientific, 2012.

378. Yong, Kwek Ping. *Private equity in China: challenges and opportunities.* Singapore: John Wiley & Sons Singapore Pte. Ltd., 2012.

379. Yueh, Linda. *China and globalization: critical concepts in economics.* New York: Routledge, 2012.

380. Zhang, Si; Pearce, Robert. *Multinationals in China: business strategy, technology and economic development.* Houndmills, Basingstoke, Hampshire; New York: Palgrave Macmillan, 2012.

381.* Zhao, Hong. *China and India: the quest for energy resources in the twenty-first century.* Abingdon, Oxon; New York: Routledge, 2012.

382. Zhao, Jinghua. *Multinational corporation subsidiaries in China: an empirical*

study of growth and development strategy. Oxford: Chandos Publishing; Cambridge: Woodhead Publishing, 2012.

383. Zhao, Suisheng. *China's search for energy security: domestic sources and international implications.* London: Routledge, 2012.

384. Zhao, Xiaobo. *Developing an appropriate contaminated land regime in China: lessons learned from the US and UK.* Berlin; New York: Springer, 2012.

385. Zheng, Yongnian; Wong, John. *Goh Keng Swee on China: selected essays.* Singapore: World Scientific, 2012.

意大利文

386.* Cucino, Davide. *Tra poco la Cina: Gli equilibri del mondo prossimo venture.* Torino: Bollati Boringhieri, 2012.

法文

387.* Atout France. *Analyse du potentiel touristique de la classe moyenne chinoise: pour l'Europe et la France.* Paris: Atout France, 2012.

388. Bironneau, Romain... [et al.]. *China Innovation Inc. : des politiques industrielles aux entreprises innovantes.* Paris: Sciences po, les presses, 2012.

389. Buchalet, Jean Luc. *Chine, la face cachée.* Puteaux: Editea, impr. , 2012.

390. Coispeau, Olivier... [et al.]. *Partenariats, fusions & acquisitions en Chine.* Asnières: SEFI diffusion, impr. , 2012.

391. Déséglise, Christian. *Le défi des pays émergents: une chance pour la France: Chine, Brésil, Russie, Inde, comment les nouvelles puissances peuvent nous sauver du déclin.* Paris: Michel de Maule, impr. , 2012.

392.* Dufour, Jean-François. *Made by China: les secrets d'une conquête industrielle.* Paris: Dunod, 2012.

393. Lisbonne de Vergeron, Karine. *L'Europe vue de Chine et d'Inde depuis la crise: nouvelles perspectives des grands émergents asiatiques.* Paris: Fondation Robert Schuman, cop. , 2012.

394.* Tournay-Tibi, Michaela... [et al.]. *Le défi énergétique de la Chine: comment la Chine prépare-t-elle son avenir énergétique?* Paris: l'Harmattan, 2012.

395. Van Vliet, Geert; Magrin, Géraud. *Une compagnie pétrolière chinoise face à l'enjeu environnemental au Tchad.* Paris: Agence française de développement, 2012.

396. Voïta, Thibaud. *Cacophonie chinoise: les prises de décisions dans le secteur de l'énergie en Chine.* Jouy-en-Josas: HEC Eurasia institute, 2012.

俄文

397. Коваленко В. Н. *Формирование "Большого Китая": экономическое взаимодействие Гонконга и КНР.* Санкт-Петербурz: изgате цостбо Санкт-Петербурzскоzо унцлерсптета, 2012.

德文

398. Fuchs, Hans Joachim. *Neue Chancen in China: mit den aufstrebenden Märkten wachsen, aber geistiges Eigentum schützen.* München: FinanzBuch-Verlag, 2012.

399. Merz, Felix. *China und die Weltwirtschaftskrise* 2008: *eine Analyse ausgewählter Probleme hinsichtlich ihrer Ursachen, Auswirkungen und Gegenmaßnahmen.* Hamburg: Diplomica-Verlag, 2012.

400.* Merz, Felix. *Die Arbeitsbedingungen der chinesischen Wanderarbeiter: eine Analyse am Beispiel des Apple-Zulieferers Foxconn.* Hamburg: Diplomica-Verlag, 2012.

401. Zinser, Rebecka. *Die Entstehung des chinesischen Sachenrechtsgesetzes: eine Analyse des Diskurses innerhalb der chinesischen Rechtswissenschaft.* Frankfurt, am Main; Berlin; Bern; Bruxelles; New York; Oxford; Wien: Peter Lang, 2012.

历史·文化

英文

402. Anderl, Christoph. *Zen Buddhist rhetoric in China, Korea, and Japan.* Leiden; Boston: Brill, 2012.

403. Andrews, Julia Frances; Shen, Kuiyi. *The art of modern China.* Berkeley, Calif.: University of California Press, 2012.

404.* Ang, Audra. *To the people, food is heaven: stories of food and life in a changing China.* Guilford, Conn.: Lyons Press, 2012.

405.* Angle, Stephen C. *Contemporary confucian political philosophy.* Cambridge, U. K.; Malden, Mass.: Polity, 2012.

406. Barrett, Tracy. *The Chinese diaspora in Southeast Asia: the overseas Chinese in Indo-China*, 1870 – 1945. London: I. B. Tauris, 2012.

407. Bays, Daniel H. *A new history of Christianity in China.* Chichester, West Sussex; Malden, MA: Wiley-Blackwell, 2012.

408. Berry, Chris. *Chinese cinema: critical concepts in media and cultural studies.* Milton Park, Abingdon, Oxon; New York: Routledge, 2012.

409. Bettinson, Gary. *Directory of world cinema: China.* [s. l.]: Intellect Ltd, 2012.

410. Billioud, Sébastien. *Thinking through Confucian modernity: a study of Mou Zongsan's moral metaphysics.* Leiden, The Netherlands; Boston: Brill, 2012.

411. Bollas, Christopher. *China on the mind.* New York: Routledge, 2012.

412. Brady, Anne-Marie; Brown, Douglas. *Foreigners and foreign institutions in Republican China.* Abingdon, Oxon; New York: Routledge, 2012.

413. Brindley, Erica. *Music, cosmology, and the politics of harmony in early China.* Albany: State University of New York Press, 2012.

414. Brown, Jeremy. *City versus countryside in Mao's China: negotiating the divide.* New York: Cambridge University Press, 2012.

415.* Buchanan, Tom. *East wind: China and the British left*, 1925 – 1976. Oxford: Oxford University Press, 2012.

416. Bumbacher, Stephan Peter. *Empowered writing: exorcistic and apotropaic rituals in medieval China.* St. Petersburg, FL: Three Pines Press, 2012.

417. Cahan, Andrew S. *Label art of the Chinese world*, 1890 – 1976. Atglen, PA: Schiffer Pub., 2012.

418.* Cassel, Pär Kristoffer. *Grounds of judgment: extraterritoriality and imperial power in nineteenth-century China and Japan.* Oxford; New York: Oxford University Press, 2012.

419. Chan, Kwok-Bun. *Chinese entertainment.* London; New York: Routledge, 2012.

420. Chan, Kwok-bun. *Hybrid Hong Kong.* Abingdon, Oxon: Routledge, 2012.

421. Chan, Kwok-shing. *A localized culture of welfare: entitlements, stratification, and identity in a Chinese lineage village.* Lanham, Maryland: Lexington Books, 2012.

422. Chan, Timothy Wai Keung. *Considering the end: mortality in early medieval Chinese poetic representation.* Boston: Brill, 2012.

423. Chang, Chihyun. *Government, imperialism and nationalism in China: the Maritime customs service and its Chinese staff.* Milton Park, Abingdon, Oxon; New York: Routledge, 2012.

424. Chang, Felix B.; Rucker-Chang, Sunnie T. *Chinese migrants in Russia, Central Asia and Eastern Europe.* Milton Park, Abingdon, Oxon; New York: Routledge, 2012.

425.* Chen, Janet Y. *Guilty of indigence: the urban poor in China*, 1900 – 1953. Princeton, N. J.: Princeton University Press, 2012.

426. Chen, Sanping. *Multicultural China in the early Middle Ages.* Philadelphia: University of Pennsylvania Press, 2012.

427. Chen, Ya-chen. *Women in Chinese martial arts films of the new millennium: narrative analyses and gender politics.* Lanham, Maryland: Lexington Books, 2012.

428. Cheng, Chung-ying; Tiwald, Justin. *Confucian philosophy: innovations and transformations.* Chichester, West Sussex; Malden, MA: John Wiley & Sons Ltd, 2012.

429. Chin, Angelina S. *Bound to emancipate: working women and urban citizenship in early twentieth-century China and Hong Kong.* Lanham, Md.: Rowman & Littlefield Publishers, 2012.

430. Chong, Ja Ian. *External intervention and the politics of state formation: China, Indonesia, and Thailand*, 1893 – 1952. New York: Cambridge University Press, 2012.

431. Chou, Eva Shan. *Memory, violence, queues: Lu Xun interprets China.* Ann Arbor, Mich.: Association for Asian Studies, 2012.

432. Chu, Cindy Yik-yi. *The Catholic Church in China:* 1978 *to the present.* New York: Palgrave Macmillan, 2012.

433.* Clark, Paul. *Youth culture in China: from Red Guards to netizens.* New York: Cambridge University Press, 2012.

434. Daccache, Jenny George; Valeriano, Brandon. *Hollywood's representations of the Sino-Tibetan conflict: politics, culture, and globalization.* New York: Palgrave Macmillan, 2012.

435. D'Arcy-Brown, Liam. *Chusan: the opium wars, and the forgotten story of Britain's first Chinese island.* Takeaway, 2012.

436. Dardess, John W. *Ming China*, 1368 – 1644: *a concise history of a resilient empire.* Lanham, Md.: Rowman & Littlefield, 2012.

437. Davids, Karel. *Religion, technology, and the great and little divergences: China and Europe compared, c.* 700 – 1800. Leiden: Brill, 2012.

438. Davies, John Paton. *China hand: an autobiography.* Philadelphia: University of Pennsylvania Press, 2012.

439. Davis, Elizabeth Van Wie. *Ruling, resources and religion in China: managing the multiethnic state in the 21st century.* Houndmills, Basingstroke, Hampshire: Palgrave Macmillan, 2012.

440. De Coursey Clapp, Anne. *Commemorative landscape painting in China.* Princeton, NJ: Princeton University Press, 2012.

441. Dirlik, Arif; Li, Guannan; Yen, Hsiao-pei. *Sociology and anthropology in twentieth-century China: between universalism and indigenism.* Hong Kong: Chinese University Press, 2012.

442. Dolin, Eric Jay. *When America first met China: an exotic history of tea, drugs, and money in the Age of Sail.* New York: Liveright Pub. Corp., 2012.

443. Dyke, Paul A. Van. *Americans and Macao: trade, smuggling, and diplomacy on the South China Coast.* Hong Kong: Hong Kong University Press, 2012.

444. Evans, Brian L. *Pursuing China: memoir of a beaver liaison officer.* Edmonton: University of Alberta Press, 2012.

445. Fok, Siu-har Silvia. *Life and death: art and the body in contemporary China.* Bristol: Intellect, 2012.

446. French, Howard W.; Qiu, Xiaolong. *Disappearing Shanghai: photographs and poems of an intimate way of life.* Paramus, N. J.: Homa & Sekey Books, 2012.

447. Gold, Martin B. *Forbidden citizens: Chinese exclusion and the U. S. Congress: a legislative history.* Alexandria, VA: The Capital Net, 2012.

448.* Goldman, Andrea Sue. *Opera and the city: the politics of culture in Beijing,* 1770 – 1900. Stanford, California: Stanford University Press, 2012.

449. Gong, Haomin. *Uneven modernity: literature, film, and intellectual discourse in postsocialist China.* Honolulu: University of Hawai'i Press, 2012.

450. Goodman, Bryna; Goodman, David S. G. *Twentieth-century colonialism and China: localities, the everyday and the world.* Milton Park, Abingdon, Oxon; New York: Routledge, 2012.

451. Graff, David A.; Higham, Robin. *A military history of China.* (Updated ed.) Lexington: University Press of Kentucky, 2012.

452. Griffith, Brian. *A galaxy of immortal women: the yin side of Chinese civilization.*

Ashland, OR: Exterminating Angel Press, 2012.

453.* Griffiths, Billy. *The China Breakthrough: whitlam in the middle kingdom, 1971.* Clayton, Vic.: Monash University Publishing, 2012.

454. Gu, Ming Dong. *Sinologism: an alternative to orientalism and postcolonialism.* London; New York: Routledge, 2012.

455. Gu, Sharron. *A cultural history of the Chinese language.* Jefferson, N. C.: McFarland & Co., 2012.

456. Gulliver, Katrina. *Modern women in China and Japan: gender, feminism and global modernity between the wars.* London; New Youk: I. B. Tauris, 2012.

457. Halkias, Georgios T. *Luminous bliss: a religious history of pure land literature in Tibet.* Honolulu: University of Hawai'i Press, 2012.

458.* Hansen, Valerie. *The Silk Road: a new history.* Oxford; New York: Oxford University Press, 2012.

459. Hart, Roger. *Imagined civilizations: China, the west, and their first encounter.* Baltimore, MD: Johns Hopkins University Press, 2012.

460. Hay, Jeff. *The Chinese Cultural Revolution.* Detroit: Greenhaven Press, 2012.

461. He, Qiliang. *Gilded voices: economics, politics, and storytelling in the Yangzi delta since 1949.* Leiden; Boston: Brill, 2012.

462. Henriot, Christian; Yeh, Wen-hsin. *History in images: pictures and public space in modern China.* Berkeley: Institute of East Asian Studies, University of California, 2012.

463. Henriot, Christian; Yeh, Wen-hsin. *Visualising China, 1845 – 1965: moving and still images in historical narratives.* Leiden; Boston: Brill, 2012.

464. Hernandez, Lili. *China and the west: encounters with the other in culture, arts, politics and everyday life.* Newcastle upon Tyne: Cambridge Scholars Publishing, 2012.

465. Herzberg, Qin Xue; Herzberg, Larry. *Chinese proverbs and popular sayings: with observations on culture and language.* Berkeley, Calif.: Stone Bridge Press, 2012.

466. Ho, Clara Wing-Chung. *Overt and covert treasures: essays on the sources for Chinese women's history.* Hong Kong: Chinese University Press, 2012.

467. Huang, Kwang-Kuo. *Foundations of Chinese psychology: Confucian social relations.* New York: Springer, 2012.

468. Huang, Shih-shan Susan. *Picturing the true form: Daoist visual culture in tradi-*

tional China. Cambridge, Mass. : Harvard University Asia Center, 2012.

469. Huber, Toni; Blackburn, Stuart. *Origins and migrations in the extended eastern Himalayas*. Leiden; Boston: Brill, 2012.

470. Hunter, Phyllis. *Sailing East: the empress of China and the new nation*. [Oxford]: Oxford University Press, 2012.

471. Huters, Theodore; Bei, Dao; Li, Tuo. *The seventies: recollecting a forgotten time in China*. Hong Kong: Chinese University Press, 2012.

472. Ing, Michael David Kaulana. *The dysfunction of ritual in early Confucianism*. New York: Oxford University Press, 2012.

473. Jackson, David Paul; Linrothe, Rob. *The place of provenance: regional styles in tibetan painting*. New York: Rubin Museum of Art, 2012.

474. Jiang, Tao; Ivanhoe, Philip J. *The reception and rendition of Freud in China: China's Freudian slip*. Milton Park, Abingdon, Oxon; New York: Routledge, 2012.

475. Johnson, Kendall. *Narratives of free trade: the commercial cultures of early US-China relations*. Hong Kong: Hong Kong University Press, 2012.

476.* Justice, Lorraine. *China's design revolution*. Cambridge, Mass. : MIT Press, 2012.

477. Katzenstein, Peter J. *Sinicization and the rise of China: civilizational processes beyond East and West*. Milton Park, Abingdon, Oxon; New York: Routledge, 2012.

478. Keating, John Craig William. *A Protestant church in communist China: Moore Memorial Church Shanghai*, 1949 – 1989. Bethlehem: Lehigh University Press; Lanham, Md. : Co-published with Rowman & Littlefield Pub. Group, 2012.

479. Kennedy, Andrew Bingham. *The international ambitions of Mao and Nehru: national efficacy beliefs and the making of foreign policy*. New York: Cambridge University Press, 2012.

480. Kessler, Adam Theodore. *Song blue and white porcelain on the Silk Road*. Leiden; Boston: Brill, 2012.

481. Kim, Hongkyung. *The old master: a syncretic reading of the Laozi from the Mawangdui text A onward*. Albany: State University of New York Press, 2012.

482. King, Richard; Poulton, Cody; Endo, Katsuhiko. *Sino-Japanese transculturation: from the late nineteenth century to the end of the Pacific war*. Lanham, Md. : Lexington Books, 2012.

483. Kiong, Wong Sin. *Confucianism, Chinese history, and society.* Hackensack, NJ: World Scientific Pub., 2012.

484.* Knüsel, Ariane. *Framing China: media images and political debates in Britain, the USA and Switzerland*, 1900 – 1950. Farnham, Surrey, England; Burlington, VT: Ashgate, 2012.

485. Kuo, Margaret. *Intolerable cruelty: marriage, law, and society in early twentieth-century China.* Lanham, Md.: Rowman & Littlefield Publishers, 2012.

486.* Lary, Diana. *Chinese migrations: the movement of people, goods, and ideas over four millennia.* Lanham: Rowman & Littlefield Publishers, Inc., 2012.

487. Lee, Christina H. *Western visions of the Far East in a transpacific age*, 1522-1657. Aldershot, Hants, England; Burlington, VT: Ashgate, 2012.

488. Lee, Pauline C. *Li zhi, confucianism, and the virtue of desire.* [s. l.]: SUNY Press, 2012.

489. Lempert, Michael. *Discipline and debate: the language of violence in a Tibetan Buddhist monastery.* Berkeley: University of California Press, 2012.

490.* Li, Huaiyin. *Reinventing modern China: imagination and authenticity in Chinese historical writing.* Honolulu: University of Hawai'i Press, 2012.

491. Li, Mingjiang. *Mao's China and the Sino-Soviet split: ideological dilemma.* London; New York: Routledge, 2012.

492. Li, Suogui. *Foreign-inspired Chinese terms: a cognitive semantic approach.* Lewiston, N.Y.: Edwin Mellen Press, 2012.

493. Li, Xiaobing. *China at war: an encyclopedia.* Santa Barbara, Calif.: ABC-CLIO, 2012.

494. Li, Xiaorong. *Women's poetry of late imperial China: transforming the inner chambers.* Seattle: University of Washington Press, 2012.

495. Lim, Francis Khek Gee. *Christianity in contemporary China: socio-cultural perspectives.* Abingdon, Oxon; New York: Routledge, 2012.

496. Lindqvist, Sven; Tate, Joan. *The myth of Wu Tao-tzu.* London: Granta, 2012.

497. Liu, Jin; Tao, Hongyin. *Chinese under globalization: emerging trends in language use in China.* Singapore; Hackensack, N.J.: World Scientific, 2012.

498. Liu, Li; Chen, Xingcan. *The archaeology of China: from the late paleolithic to the early bronze age.* Cambridge: Cambridge University Press, 2012.

499. Liu, Liyan. *Red genesis: the Hunan Normal School and the creation of Chinese communism*, 1903 – 1921. Albany: State University of New York Press, 2012.

500. Lo, Jung-pang. *China as a sea power*, 1127 –1368: *a preliminary survey of the maritime expansion and naval exploits of the Chinese people during the Southern Song and Yuan periods.* Singapore: NUS Press; Hong Kong: Hong Kong University Press, 2012.

501. Lorge, Peter; Roy, Kaushik. *Chinese and Indian warfare*: *from the classical age to* 1870. [s. l.]: Routledge, 2012.

502.* Lu, Suping. *A dark page in history*: *the Nanjing Massacre and post-massacre social conditions recorded in British diplomatic dispatches, admiralty documents, and U. S. naval intelligence reports.* Lanham, Md.: University Press of America, 2012.

503. Ma, Jianxiong. *The Lahu minority in Southwest China*: *a response to ethnic marginalization on the frontier.* New York: Routledge, 2012.

504. Ma, Jiewei. *Desiring Hong Kong, consuming South China*: *transborder cultural politics*, 1970 –2010. Hong Kong: Hong Kong University Press, 2012.

505. Mark, Chi-Kwan. *China and the world since* 1945: *an international history.* Abingdon, Oxon; New York: Routledge, 2012.

506. Markley, Jonathan. *Peace and peril*: *Sima Qian's portrayal of han-xiongnu relations.* [s. l.]: Brepols Pub, 2012.

507. Marks, Robert B. *China*: *its environment and history.* Lanham, Md.: Rowman & Littlefield, 2012.

508. Matten, Marc Andre. *Places of memory in modern China*: *history, politics, and identity.* Leiden; Boston: Brill, 2012.

509. McNeal, Robin. *Conquer and govern*: *early Chinese military texts from the Yi Zhou shu.* Honolulu: University of Hawai'i Press, 2012.

510. Mehra, Parshotam. *Tibet*: *writings on history and politics.* New Delhi: Oxford University Press, 2012.

511. Meyer, Andrew Seth; Major, John S. *The dao of the military*: *Liu An's art of war.* New York: Columbia University Press, 2012.

512. Meyer, Dirk. *Philosophy on bamboo*: *text and the production of meaning in early China.* Leiden, Boston: Brill, 2012.

513. Meyer, Mahlon. *Remembering China from Taiwan*: *divided families and bittersweet reunions after the Chinese Civil War.* Hong Kong: Hong Kong University Press, 2012.

514. Mittler, Barbara. *A continuous revolution*: *making sense of Cultural Revolution*

culture. Cambridge, Mass. : Harvard University Asia Center, 2012.

515. Morgan, Joyce; Walters, Conrad. *Journeys on the Silk Road: a desert explorer, Buddha's secret library, and the unearthing of the world's oldest printed book*. Guilford, Conn. : Lyons Press, 2012.

516. Mullaney, Thomas S... [et al.]. *Critical Han studies: the history, representation, and identity of China's majority*. Berkeley, Calif. : University of California Press, 2012.

517. Mungello, David Emil. *The great encounter of China and the West*, 1500 – 1800. (4th ed.) Lanham, Md. : Rowman & Littlefield Publishers, 2012.

518. Mungello, David Emil. *Western queers in China: flight to the land of Oz*. Lanham, Md. : Rowman & Littlefield Publishers, 2012.

519. Nadeau, Randall L. *The Wiley-Blackwell companion to Chinese religions*. Chichester, West Sussex; Malden, MA: Wiley-Blackwell, 2012.

520. Neskar, Ellen G. *Politics and prayer: shrines to local former worthies in Sung China*. Cambridge, Mass. : Harvard University Asia Center, 2012.

521. Neuhaus, Tom. *Tibet in the Western imagination*. Houndmills, Basingstoke, Hampshire; New York, NY: Palgrave Macmillan, 2012.

522. Olberding, Garret P. S. *Dubious facts: the evidence of early Chinese historiography*. Albany: State University of New York Press, 2012.

523. Otsuka, Ronald Y. ; Xu, Fangfang. *Xu Beihong: pioneer of modern Chinese painting: selections from the Beihong Memorial Museum*. Denver, Colo. : Denver Art Museum, 2012.

524. Paine, S. C. M. *The wars for Asia*, 1911 – 1949. New York: Cambridge University Press, 2012.

525.* Palmer, David A. ; Liu, Xun. *Daoism in the twentieth century: between eternity and modernity*. Berkeley: University of California Press, 2012.

526. Palmer, James. *Heaven cracks, earth shakes: the Tangshan Earthquake and the death of Mao's China*. New York: Basic Books, 2012.

527. Palmer, James. *The death of Mao: the Tangshan Earthquake and the birth of the new China*. London: Faber and Faber, 2012.

528. Pantsov, Alexander V. ; Levine, Steven I. *Mao: the real story*. New York: Simon & Schuster, 2012

529. Paper, Jordan D. ; Laytner, Rabbi Anson. *The theology of the Chinese Jews*, 1000 – 1850. Waterloo, Ont. : Wilfrid Laurier University Press, 2012.

530. Park, Hyunhee. *Mapping the Chinese and Islamic worlds: cross-cultural exchange in pre-modern Asia.* Cambridge; New York: Cambridge University Press, 2012.

531. Park, J. P. *Art by the book: painting manuals and the leisure life in late Ming China.* Seattle: University of Washington Press, 2012.

532. Paul, Anthony. *China: An Intimate Look at the Past and Present.* Earth Aware Editions, 2012.

533. Paul, Anthony; Paul, Brodie; Croll, Catherine... [et al.]. *China: the new Long March.* Qingdao, China: Qingdao Publishing House; Sydney, NSW: Weldon International, 2012.

534. Pearce, Nick; Steuber, Jason. *Original intentions: essays on production, reproduction, and interpretation in the arts of China.* Gainesville, FL: University Press of Florida, 2012.

535. Perry, Elizabeth J. *Anyuan: mining China's revolutionary tradition.* Berkeley: University of California Press, 2012.

536. Pines, Yuri. *The everlasting empire: the political culture of ancient China and its imperial legacy.* Princeton, N. J.: Princeton University Press, 2012.

537. Platt, Stephen R. *Autumn in the Heavenly Kingdom: China, the West, and the epic story of the Taiping Civil War.* New York: Alfred A. Knopf, 2012.

538. Qi, Shouhua. *Western literature in China and the translation of a nation.* New York: Palgrave Macmillan, 2012.

539. Rajkai, Zsombor; Bellér-Hann, Ildikó. *Frontiers and boundaries: encounters on China's margins.* Wiesbaden: Harrassowitz Verlag, 2012.

540. Renouf, Alice; Ryan-Maher, Mary Beth. *Yin-yang: American perspectives on living in China.* Lanham, Md.: Rowman & Littlefield Publishers, Inc., 2012.

541. Roberts, Claire. *Photography and China.* Hong Kong: Hong Kong University Press, 2012.

542.* Robinson, Luke. *Independent Chinese documentary: from the studio to the street.* London; New York: Palgrave Macmillan, 2012.

543. Rosšker, Jana. *Traditional Chinese philsophy and the paradigm of structure (Li 理).* Newcastle upon Tyne, UK: Cambridge Scholars Pub., 2012.

544. Rusk, Bruce. *Critics and commentators: the Book of Poems as classic and literature.* Cambridge, Mass.: Harvard University Asia Center, 2012.

545. Sachdev, Rachana; Li, Qingjun. *Encountering China: early modern European responses.* Lewisburg, Pa.: Bucknell University Press; Lanham, Md.: Rowman

& Littlefield, 2012.

546. Sai, Siew-Min; Hoon, Chang-Yau. *Chinese Indonesians reassessed: history, religion and belonging*. London; New York: Routledge, 2012.

547. Saraiva, Luís; Liu, Dun. *Conference "History of Mathematical Sciences: Portugal and East Asia IV" (2008: Europe and China: science and the arts in the 17th and 18th centuries)*. Singapore: World Scientific Publishing Company, 2012.

548. Schäfer, Dagmar. *Cultures of knowledge: technology in Chinese history*. Leiden; Boston: Brill, 2012.

549. Schneider, David K. *Confucian Prophet: Political Thought in Du Fu's Poetry* (752 – 757). Amherst, NY: Cambria Press, 2012.

550. Schneider, Florian. *Visual political communication in popular Chinese television series*. Leiden; Boston: Brill, 2012.

551. Sen, Tansen; Mair, Victor H. *Traditional China in Asian and world history*. Ann Arbor, MI: Association for Asian Studies, 2012.

552. Shan, Chun. *Major aspects of Chinese religion and philosophy: Dao of inner saint and outer king*. Heidelberg; New York: Springer, 2012.

553. Shen, Huifen. *China's left-behind wives: families of migrants from Fujian to Southeast Asia*, 1930*s* – 1950*s*. Honolulu: University of Hawai'i Press, 2012.

554. Shi, Zhiyu. *Civilization, nation and modernity in East Asia*. London; New York: Routledge, 2012.

555.* Silbey, David J. *The Boxer Rebellion and the great game in China*. New York: Hill and Wang, 2012.

556. Sit, Victor F. S. *Macau through* 500 *years: emergence and development of an untypical Chinese city*. Singapore: Enrich Professional Publishing, 2012.

557. Skaff, Jonathan Karam. *Sui-Tang China and its Turko-Mongol neighbors: culture, power and connections*, 580 – 800. Oxford; New York: Oxford University Press, 2012.

558. Smith, Norman. *Intoxicating Manchuria: alcohol, opium, and culture in China's northeast*. Vancouver: UBC Press, 2012.

559. Smith, Richard J. *Mapping China and managing the world: culture, cartography and cosmology in late imperial times*. New York: Routledge, 2012.

560. Smith, Shirley Ann. *Imperial designs: Italians in China*, 1900 – 1947. Madison, N. J.: Fairleigh Dickinson University Press; Lanham, Md.: Rowman & Littlefield, 2012.

561. Smyer Yü, Dan. *The spread of Tibetan Buddhism in China: charisma, money, enlightenment.* New York: Routledge, 2012.

562. So, Billy K. L. *The economy of lower Yangzi delta in late imperial China: connecting money, markets, and institutions.* New York, NY: Routledge, 2012.

563. Soffel, Christian; Tillman, Hoyt Cleveland. *Cultural authority and political culture in China: exploring issues with the Zhongyong and the daotong during the Song, Jin and Yuan dynasties.* Stuttgart: F. Steiner, 2012.

564.* Standen, Naomi. *Demystifying China: new understandings of Chinese history.* Lanham: Rowman & Littlefield Publishers, Inc., 2012.

565. Stevenson, Mark; Wu, Cuncun. *Homoeroticism in Imperial China: a sourcebook.* Abingdon, Oxon; New York: Routledge, 2012.

566. Sukhu, Gopal. *The shaman and the heresiarch: a new interpretation of the Li sao.* Albany: State University of New York Press, 2012.

567. Sullivan, Lawrence R. *Leadership and authority in China*, 1895 – 1976. Lanham, Md.: Lexington Books, 2012.

568. Summers, William C. *The great Manchurian plague of* 1910 – 1911: *the geopolitics of an epidemic disease.* New Haven: Yale University Press, 2012.

569. Szczepanski, Beth. *The instrumental music of Wutaishan's Buddhist monasteries: social and ritual contexts.* Surrey, England; Burlington, VT: Ashgate, 2012.

570. Tian, Min. *Mei Lanfang and the twentieth-century international stage: Chinese theatre placed and displaced.* New York: Palgrave Macmillan, 2012.

571. Titus, Felicitas. *Old Beijing: postcards from the Imperial City.* North Clarendon, Vt.: Tuttle Pub., 2012.

572. Tucker, Nancy Bernkopf. *The China threat: memories, myths, and realities in the* 1950*s*. New York: Columbia University Press, 2012.

573.* Tudda, Chris. *A Cold War turning point: Nixon and China*, 1969 – 1972. Baton Rouge: Louisiana State University Press, 2012.

574. Ure, Gavin. *Governors, politics, and the Colonial Office: public policy in Hong Kong*, 1918 – 1958. Hong Kong: Hong Kong University Press, 2012.

575. Van Schaik, Sam; Galambos, Imre. *Manuscripts and travellers: the Sino-Tibetan documents of a tenth-century Buddhist pilgrim.* Berlin; Boston: De Gruyter, 2012.

576. Vanderven, Elizabeth R. *A school in every village: educational reform in a northeast china county*, 1904 – 1931. Vancouver: UBC Press, 2012.

577. Vogel, Hans Ulrich. *Marco Polo was in China: new evidence from currencies, salts and revenue.* Leiden; Boston: Brill, 2012.

578. Vukovich, Daniel F. *China and Orientalism: Western knowledge production and the P. R. C.*. Milton Park, Abingdon, Oxon; New York: Routledge, 2012.

579. Walker, Anne Collins. *China calls: paving the way for Nixon's historic journey to China.* (Updated 40th anniversary ed.) Lanham: Madison Books, 2012.

580.* Wang, Chi. *Building a better Chinese collection for the Library of Congress: selected writings.* Lanham, Md.: Scarecrow Press, Inc., 2012.

581. Wang, Juan. *Merry laughter and angry curses: the Shanghai tabloid press,* 1897 – 1911. Vancouver: UBC Press, 2012.

582. Wang, Ping. *The age of courtly writing: wen xuan compiler Xiao Tong* (501 – 531) *and his circle.* Leiden; Boston: Brill, 2012.

583. Wang, Richard G. *The Ming prince and Daoism: institutional patronage of an elite.* New York: Oxford University Press, 2012.

584. Wang, Robin. *Yinyang: the way of heaven and earth in Chinese thought and culture.* Cambridge: Cambridge University Press, 2012.

585. Wang, Rui. *The Chinese imperial examination system: an annotated bibliography.* Lanham; Toronto: Scarecrow Press, 2012.

586. Wardega, Arthur K.; Saldanha, Antanio Vasconcelos de. *In the light and shadow of an Emperor: Tomas Pereira, SJ* (1645 – 1708), *the Kangxi Emperor and the Jesuit mission in China.* Newcastle upon Tyne, UK: Cambridge Scholars Publishing, 2012.

587. Wei, Chunjuan Nancy; Brock, Darryl E. *Mr. Science and Chairman Mao's Cultural Revolution: science and technology in modern China.* Lanham: Lexington Books, 2012.

588. Westad, Odd Arne. *Restless empire: China and the world since* 1750. New York: Basic Books, 2012.

589.* Weston, Timothy B.; Jensen, Lionel M. *China in and beyond the headlines.* (3rd ed.) Lanham, Md.: Rowman & Littlefield, 2012.

590. Wilkinson, Endymion Porter. *Chinese history: a new manual.* Cambridge, MA: Harvard University Asia Center, 2012.

591. Williams, Paul; Ladwig, Patrice. *Buddhist funeral cultures of Southeast Asia and China.* Cambridge: Cambridge University Press, 2012.

592. Wu, Guang. *China* 1966 – 1976, *cultural revolution revisited: can it happen*

again? New York: Nova Science Publishers, 2012.

593. Wu, Hung. *A story of ruins: presence and absence in Chinese art and visual culture.* Princeton, NJ: Princeton University Press, 2012.

594. Wu, Ziming. *Chinese Christianity: an interplay between global and local perspectives.* Leiden; Boston: Brill, 2012.

595. Yamamoto, Carl S. *Vision and violence: Lama Zhang and the politics of charisma in twelfth-century Tibet.* Leiden; Boston: Brill, 2012.

596. Yang, Fenggang. *Religion in China: survival and revival under communist rule.* Oxford; New York: Oxford University Press, 2012.

597. Yang, Fenggang; Tamney, Joseph B. *Confucianism and spiritual traditions in modern China and beyond.* Leiden; Boston: Brill, 2012.

598.* Ye, Tan; Zhu, Yun. *Historical dictionary of Chinese cinema.* Lanham: Scarecrow Press, Inc., 2012.

599. Young, Edward M. *B-24 Liberator vs Ki-43 Oscar: China and Burma*, 1943. Oxford, UK; Long Island City, N. Y.: Osprey, 2012.

600. Yu, Jimmy Yung Fung. *Sanctity and self-inflicted violence in Chinese religions*, 1500-1700. Oxford; New York: Oxford University Press, 2012.

601. Zang, Xiaowei. *Islam, family life, and gender inequality in urban China.* Abingdon, Oxon; New York: Routledge, 2012.

602.* Zarrow, Peter. *After empire: the conceptual transformation of the Chinese state*, 1885-1924. Stanford, California: Stanford University Press, 2012.

603. Zeng, Hong. *Semiotics of exile in contemporary Chinese film.* New York, NY: Palgrave Macmillan, 2012.

604. Zhai, Shaodong. *Lithic production and early urbanism in China: a case study of the lithic production at the Neolithic Taosi Site (ca.* 2500-1900*BCE*). Oxford: Archaeopress, 2012.

605. Zhang, Qun. *Designed in China: the engrossing oriental concept.* London: Cypi Press, 2012.

606. Zhang, Yingjin. *A companion to Chinese cinema.* Malden: Wiley-Blackwell, 2012.

607. Zhang, Yuejun; Christie, Stuart. *American modernist poetry and the Chinese encounter.* New York: Palgrave Macmillan, 2012.

608. Zheng, Yongnian; Phua, Kok Khoo. *Wang Gungwu, educator & scholar.* Hackensack, NJ: World Scientific Pub., 2012.

609. Zhou, Xun. *The great famine in China*, 1958 – 1962: *a documentary history.* New Haven: Yale University Press, 2012.

610. Zhuo, Feng. *Cultural difference in television programs: foreign television programs in China.* Frankfurt am Main: Peter Lang, 2012.

612. Zinda, Yvonne Schulz. *Jin Yuelin's ontology: perspectives on the problem of induction.* Leiden; Boston: Brill, 2012.

613. Ziporyn, Brook. *Ironies of oneness and difference: coherence in early Chinese thought: prolegomena to the study of Li.* Albany: State University of New York Press, 2012.

意大利文

614. Abbiati, Magda. *La scrittura cinese nei secoli, Dal pennello alla tastiera.* Roma: Carocci Editore, 2012.

615. Ardizzoni, Sabrina. *Scritti di mediazione, cultura e lingua cinese. Conversazioni tra Italia e Cina.* Bologna: Libreria Bonomo, 2012.

616. Bianchi, Claudio. *Il drago e il biscione. Cent'anni di convivenza: i cinesi a Milano.* Pavia: Ibis Editore, 2012.

617. Casarin, Elettra; Wang, Yu. *In Cina per lavoro.* Bologna: Zanichelli, 2012.

618. Cavallarin, G. Marco...[et al.]. *Gli ebrei in Cina e il caso di Tien Tsin.* Livorno: Salomone Belforte & C. Editori, 2012.

619. Paolillo, Maurizio. *Il fengshui. Origine, storia e attualità.* Roma: Carocci editore, 2012.

620. Raciti, Antonio. Dharma. *Insieme ai pellegrini nei monasteri del Sichuan e del Tibet.* Roma: Robin Edizioni, 2012.

621.* Unali, Lina. *Rapporto sulla Cina.* Roma: Editori Riuniti University Press, 2012.

法文

622. Barou, Jean-Pierre; Crossman, Sylvie. *Tibet, une autre modernité.* (Nouvelle éd.) Paris: Editions du Seuil, 2012.

623. Basdevant, Grégoire. *Tout ce que vous avez toujours voulu savoir sur la Chine.* Paris: Hatier, 2012.

624.* Beraha, Richard. *La Chine à Paris: enquête au coeur d'un monde méconnu.* Paris: R. Laffont, impr., 2012.

625.* Botz-Bornstein, Thorsten. *La Chine contre l'Amérique: culture sans civilisation contre civilisation sans culture?* Paris: l'Harmattan, 2012.

626. Bouvier, Hélène; Toffin, Gérard. *Théâtres d'Asie à l'oeuvre: circulation, expression, politique: Entre Inde et Chine le rôle du théâtre dans les processus de transmission et d'acculturation.* Paris: École française d'Extrême-Orient, 2012.

627. Chen-Andro, Chantal; Sakai, Cécile; Xu, Shuang. *Imaginaires de l'exil dans les littératures contemporaines de Chine et du Japon: ouvrage collectif.* Arles: Philippe Picquier, 2012.

628. Chi, Yumei. *La particule "de" du chinois mandarin:* 14*ème siècle av. J.-C.* au 13ème siècle ap. J.-C.. Paris: l'Harmattan, 2012.

629. Cuny, Romain. *Le bouddha Amitâbha dans le bouddhisme chinois: croyances et pratiques spirituelles des origines aux Tang.* Saint-Denis: Édilivre, impr., 2012.

630. David, Pascal; Riou, Alain. *En lisant François Jullien: la foi biblique au miroir de la Chine: séminaires à La Tourette et au Collège des Bernardins, automne* 2010 – *printemps* 2011. Paris: Lethielleux, 2012.

631. Demariaux, Jean-Christophe. *Introduction à la "métaphysique chinoise".* Paris: Desclée de Brouwer, impr., 2012.

632. Didier, Michel. *Chen Cheng*, 1365 – 1457: *ambassadeur des premiers empereurs Ming.* Louvain; Paris: Peeters, 2012.

633. Dor, Edouard. *Quand penser en Chine se disait Mao.* Paris: Michel de Maule, impr., 2012.

634. Duchesne, Philippe. *Le Yi King: l'intelligence de la vie qui éveille tous les êtres.* Le Touvet: Ambre, 2012.

635. Flichy, Thomas. *Stratégies chinoises: le regard jésuite*, 1582 – 1773. Paris: Economica, impr., 2012.

636. Golfin, Jean. *Saint-François en Chine ou l'épopée solitaire.* Paris: Cerf, 2012.

637. Gros, Stéphane. *La part manquante: échanges et pouvoirs chez les Drung du Yunnan (Chine).* Nanterre: Société d'ethnologie, 2012.

638. Hérisson, Maurice d'Irisson. *La destruction du Palais d'été: journal d'un interprète en Chine, Pékin* 1860. Chaintreaux: Éd. France-Empire monde, impr., 2012.

639. Jullien, François. *Entrer dans une pensée: ou Des possibles de l'esprit.* Paris: Gallimard, impr., 2012.

640. Krouck, Bernard. *De Gaulle et la Chine: la politique française à l'égard de la*

République populaire de Chine, 1958 – 1969. Paris: les Indes savantes, impr., 2012.

641.* Laplantine, François. *Une autre Chine: gens de Pékin, observateurs et passeurs des temps.* Le Havre: De l'incidence éd., 2012.

642. Lee, Gregory B. *Un spectre hante la Chine: fondements de la contestation actuelle: une histoire politico-culturelle* 1978 – 1990. Lyon: Tigre de Papier, impr., 2012.

643. Leggio, Delphine. *Dans le silence, l'errance: poèmes, photographies, aquarelles et encre de Chine.* Vauchrétien: la Botellerie éd. impr., 2012.

644. Li, Xin; Paccellieri, Damien. *Les délices du pouvoir chinois: des premières dynasties à la période des trois royaumes.* Paris: Ecrans, cop. 2012.

645. Lin, Ci. *L'art de la peinture chinoise.* Champs-sur-Marne: Original découverte, 2012.

646. Ma, Li. *Les travailleurs chinois en France dans la Première Guerre mondiale.* Paris: CNRS, impr., 2012.

647.* Mathieu, Rémi. *L'éclat de la pivoine: comment entendre la Chine.* Paris: J.-C. Lattès, impr., 2012.

648. Michel, Véronique. *La Chine branchée.* Saint-Maur-des-Fossés: Éd. Sépia, impr., 2012.

649. Morlat, Francois; Tatin-Gourier, Jean-Jacques. *La France coloniale à l'assaut de la Chine: journal de l'adjudant François Morlat en Indochine et en Chine, Quang-Tchéou-Wan*, 1897 – 1901. Paris: Éd. le Manuscrit, impr., 2012.

650. Olive, Guillaume; He, Zhihong. *Nian le terrible: la légende du nouvel an chinois.* [Paris]: Seuil jeunesse, 2012.

651. Pleynet, Marcelin. *Le voyage en Chine: chronique du journal ordinaire*: 14 *avril* – 3 *mai* 1974. (Éd. revue et corrigée) Paris: Éd. Marciana, impr., 2012.

652. Potet, Jean-Paul G. *Coxinga de Taïwan.* Clichy: J.-P. G. Potet, 2012.

653. Rieu, Alain-Marc. *Chinese & French views on knowledge and society today: philosophy, ethics, epistemology.* Paris: Éd. des Archives contemporaines, impr., 2012.

654. Stanziani, Alessandro. *Bâtisseurs d'empires: Russie, Chine et Inde à la croisée des mondes, XVe – XIXe siècle.* Paris: Raisons d'agir, impr., 2012.

655.* Sulaiman, Palizhati. *L'histoire de l'écriture ouïgour: les trois réformes de* 1956 *à* 1983. Paris: l'Harmattan, 2012.

656. Van Grasdorff, Gilles. *A la recherche du quinzième Dalaï-Lama*. Paris: Presses du Châtelet, impr., 2012.

657. Van Grasdorff, Gilles. *Le dalaï-lama: la biographie non autorisée*. Paris: Archipoche, impr., 2012.

658. Zheng, Ruolin. *Les Chinois sont des hommes comme les autres*. Paris: Denoël, impr., 2012.

659. Zufferey, Nicolas. *La pensée des Chinois*. Paris: Marabout, impr., 2012.

俄文

660. Березкин, Ростислав Владимирович. *Драгоценные свитки (баоцзюань) в духовной культуре Китая: на примере "Баоцзюань о трех воплощениях Муляня"*. Санкт-Петербург: Петербургское Востоковедение, 2012.

661. Виногродский, Бронислав Брониславович. *Путь чая. тонкости традиции*. Москва: Старклайт, 2012.

662. Галенович, Юрий Михайлович. *Троесловие. (Сань-цзы-цзин)*. Москва: Русская панорама, 2012.

663. Кучера, Станислав Роберт. *История, культура и право Древнего Китая: собрание трудов*. Москва: Наталис: Ин-т востоковедения РАН, 2012.

664. Лузянин, Сергей Геннадьевич. *Роль СССР и Китая в достижении победы во Второй мировой войне*. Москва: ИДВ РАН, 2012.

665. Спичак, Дарья Александровна. *Китайский авангард Кремля. революционеры Китая в московских школах Коминтерна (1921 – 1939)*. Москва: Вече, 2012.

666. Тань Аошуан (田傲霜). *Китайская картина мира. язык, культура, ментальность*. Москва: Рукописные памятники Древней Руси, 2012.

667. Шляхов, Андрей Левонович. *Китай и китайцы: привычки, загадки, нюансы: что должен знать каждый житель Земли о китайцах*. Москва: Астрель; Владимир: ВКТ, 2012.

德文

668.* Amelung, Iwo; Schreijäck, Thomas. *Religionen und gesellschaftlicher Wandel in China*. München: Iudicium, 2012.

669.* Aust, Stefan; Geiges, Adrian. *Mit Konfuzius zur Weltmacht: das chinesische Jahrhundert*. Berlin: Quadriga, 2012.

670.* Collani, Claudia von. *Von Jesuiten, Kaisern und Kanonen: Europa und China-eine wechselvolle Geschichte*. Darmstadt: WBG, 2012.

671. Dischert, Nicola; Kubin, Wolfgang. *Geschichte der chinesischen Literatur*. (*Band* 10). *Register*. Berlin: Walther De Gruyter 2012.

672. Friemuth, Cay. *Friedrich der Große und China*. [Hannover]: Wehrhahn, 2012.

673.* Gutheinz, Luis. *Chinesische Theologie im Werden: ein Blick in die Werkstatt der christlich-chinesischen Theologie*. Ostfildern: Matthias Grünewald Verlag, 2012.

674. Niedenführ, Matthias. *Geschichte fern und neu sehen: TV-Serien über historische Führungsfiguren in China*. Baden-Baden: Nomos, 2012.

675. Ommerborn, Wolfgang. *Zwischen Sakralem und Säkularem: Bedeutung und Entwicklung religiöser Begriffe und Praktiken in China bis zur Han-Zeit* (206 *v. u. Z.* –200). Bochum; Freiburg, Br.: Projektverlag, 2012.

676.* Reden, Bettina von. *Der Krieg der Einzelnen: Studien zur Ästhetik, weiblichen Schreibens' in China; die Gegenwartsautorin Lin Bai im Kontext der chinesischen Frauenbewegung*. Marburg: Tectum-Verl, 2012.

日文著作目录

政治・社会

1.* 古畑康雄著．「網民（ワンミン）」の反乱：ネットは中国を変えるか?．東京：勉誠出版，2012.
2. 黄文雄，石平著．「中国の終わり」のはじまり：習近平政権、経済崩壊、反日の行方．東京：徳間書店，2012.
3.* 近藤大介著．「中国模式（もしき）」の衝撃：チャイニーズ・スタンダードを読み解く．東京：平凡社，2012.
4. 宮崎正弘，石平著．2013 年の「中国」を予測する：中国社会の崩壊が始まった!．東京：ワック，2012.
5. 宇田川敬介著．2014 年、中国は崩壊する．東京：扶桑社，2012.
6.* 毛里和子，加藤千洋，美根慶樹著．21 世紀の中国 政治・社会篇．共産黨獨裁を揺百かす格差と矛盾の構造．東京：朝日新聞出版，2012.
7. 加藤嘉一著．いま中国人は何を考えているのか．東京：日本経済新聞出版社，2012.
8. 阿部治平著．チベット高原の片隅で．東京：連合出版，2012.
9. 遠藤誉著．チャイナ・ジャッジ：毛沢東になれなかった男．東京：朝日新聞出版，2012.
10. 遠藤誉著．チャイナ・ナイン：中国を動かす9 人の男たち．東京：朝日新聞出版，2012.
11. 富坂聰著．チャイニーズ・パズル：地方から読み解く中国・習近平体制．東京：ウェッジ，2012.
12. 鈴木正崇著．ミャオ族の歴史と文化の動態：中国南部山地民の想像力の変容．東京：風響社，2012.
13. 富坂聰，中島岳志著．比較で読み解く中国人とインド人．東京：講談社，2012.
14. 毛桂榮著．比較のなかの日中行政．東京：風行社，2012.
15. 浅井信雄著．変わる中国を読む50のキーワード．東京：青春出版社，2012.
16.* 毛里和子，松戸庸子編著．陳情：中国社会の底辺から．東京：東方書店，2012.
17.* 加茂具樹［ほか］．党国体制の現在：変容する社会と中国共産党の適応．東京：慶応義塾大学出版会，2012.

18.* 田中仁，三好恵真子編．共進化する現代中国研究：地域研究の新たなプラットフォーム．吹田：大阪大学出版会，2012.
19. 朝日新聞中国総局著．紅の党：習近平体制誕生の内幕．東京：朝日新聞出版，2012.
20. 沼崎一郎，佐藤幸人編．交錯する台湾社会．千葉：アジア経済研究所，2012.
21. 黄偉修著．李登輝政権の大陸政策決定過程（1996—2000 年）：組織的決定と独断の相克．岡山：大学教育出版，2012.
22.* 小笠原欣幸，佐藤幸人編．馬英九再選：2012 年台湾総統選挙の結果とその影響．千葉：アジア経済研究所，2012.
23. 菅野敦志著．台湾の言語と文字：「国語」・「方言」・「文字改革」．東京：勁草書房，2012.
24. 愛知大学現代中国学会編．特集・台湾：走向世界・走向中国．東京：東方書店（発売），2012.
25. 李小牧，蔡成平著．微博の衝撃：中国を変えた最強メディア．東京：阪急コミュニケーションズ，2012.
26. 江利紅著．現代中国の統治機構と法治主義．東京：中央経済社，2012.
27.* 及川淳子著．現代中国の言論空間と政治文化：「李鋭ネットワーク」の形成と変容．東京：御茶の水書房，2012.
28. 唐亮著．現代中国の政治：「開発独裁」とそのゆくえ．東京：岩波書店，2012.
29. 高井潔司，藤野彰，曽根康雄編著．現代中国を知るための40 章［第4 版］．東京：明石書店，2012.
30. 小口彦太，田中信行著．現代中国法．東京：成文堂，2012.
31. 佐々木衞著．現代中国社会の基層構造．東京：東方書店，2012.
32. 毛里和子著．現代中国政治：グローバル・パワーの肖像（第3 版）．名古屋：名古屋大学出版会，2012.
33.* 若杉英治著．協働型事業における行政と市民との関係性：日米中比較を通じて．東京：学術出版会，2012.
34. 朱大明著．支配株主規制の研究：中国会社法を素材として．東京：信山社，2012.
35. 福島香織著．中国「反日デモ」の深層．東京：扶桑社，2012.
36. 土屋英雄著．中国「人権」考：歴史と当代．東京：日本評論社，2012.
37. 林建良著．中国ガン：台湾人医師の処方箋．東京：並木書房，2012.

38. 北川秀樹編著．中国の環境法政策とガバナンス：執行の現状と課題．京都：晃洋書房，2012.
39. 埋橋孝文，于洋，徐荣編著．中国の弱者層と社会保障：「改革開放」の光と影．東京：明石書店，2012.
40. 李妍焱著．中国の市民社会：動き出す草の根 NGO．東京：岩波書店，2012.
41. 任哲著．中国の土地政治：中央の政策と地方政府．東京：勁草書房，2012.
42. 宮崎正弘著．中国を動かす百人：習近平政権の重要人物一覧．東京：双葉社，2012.
43. 長谷川慶太郎著．中国大分裂：改革開放路線の終焉と反動．東京：実業之日本社，2012.
44. 菱田雅晴編著．中国共産党のサバイバル戦略．東京：三和書籍，2012.
45. 鈴木隆著．中国共産党の支配と権力：党と新興の社会経済エリート．東京：慶應義塾大学出版会，2012.
46.* 白迎春著．中国民事訴訟における「挙証責任」．東京：早稲田大学出版部，2012.
47. 中国研究所編．中国年鑑 2012．東京：中国研究所，2012.
48. 21 世紀中国総研編．中国情報ハンドブック：創刊 25 周年．2012 年版．町田：蒼蒼社，2012.
49. 宮崎正弘著．中国権力闘争：共産党三大派閥抗争のいま．東京：文芸社，2012.
50. 若林敬子，聶海松編著．中国人口問題の年譜と統計：1949～2012 年．東京：御茶の水書房，2012.
51. 崔淑芬著．中国少数民族の文化と教育．福岡：中国書店，2012.
52.* 毛里和子，園田茂人編．中国問題：キーワードで読み解く．東京：東京大学出版会，2012.
53. 郭四志著．中国原発大国への道．東京：岩波書店，2012.
54. 野口東秀著．中国真の権力エリート：軍、諜報・治安機関．東京：新潮社，2012.

外交・安全

55.* 平川幸子著．「二つの中国」と日本方式：外交ジレンマ解決の起源と応用．東京：勁草書房，2012.

56. 豊下楢彦著.「尖閣問題」とは何か. 東京：岩波書店, 2012.
57. 濱本良一著.「経済大国」中国はなぜ強硬路線に転じたか：2010～2011年. 京都：ミネルヴァ書房, 2012.
58. 古森義久著.「無法」中国との戦い方：日本が学ぶべきアメリカの最新「対中戦略」. 東京：小学館, 2012.
59. 中山義隆著.「中国が耳をふさぐ尖閣諸島の不都合な真実」：石垣市長が綴る日本外交の在るべき姿. 東京：ワニブックス, 2012.
60.* 古森義久著.「中国の正体」を暴く：アメリカが威信をかける「赤い脅威研究」の現場から. 東京：小学館, 2012.
61.* 茅原郁生, 美根慶樹著. 21世紀の中国 軍事外交篇. 軍事大國化すら中國の現狀と戰略. 東京：朝日新聞出版, 2012.
62. 平和・安全保障研究所編. 進む対中包囲網、交代する指導者たち：年報アジアの安全保障 2012—2013. 東京：朝雲新聞社, 2012.
63.* 土屋大洋著. サイバー・テロ日米 vs. 中国. 東京：文藝春秋, 2012.
64. 小原雅博［著］. チャイナ・ジレンマ：習近平時代の中国といかに向き合うか. 東京：ディスカヴァー・トゥエンティワン, 2012.
65.* 矢吹晋著. チャイメリカ：米中結託と日本の進路. 東京：花伝社, 2012.
66.* 五味洋治著. 北朝鮮と中国：打算でつながる同盟国は衝突するか. 東京：筑摩書房, 2012.
67. 兵頭二十八著. 北京は太平洋の覇権を握れるか：想定・絶東米中戦争. 東京：草思社, 2012.
68.* 吉田重信著. 不惑の日中関係へ：元外交官の考察と提言. 東京：日本評論社, 2012.
69. 孫崎享著. 不愉快な現実：中国の大国化、米国の戦略転換. 東京：講談社, 2012.
70. 西尾幹二, 青木直人［著］. 第二次尖閣戦争. 東京：祥伝社, 2012.
71. 青地正史［ほか］編著. 東アジア地域統合の探究. 京都：法律文化社, 2012.
72. 国家基本問題研究所. 対中国戦略研究報告書：軍拡・膨張の歴史と現状. 東京：国家基本問題研究所, 2012.
73. 黄文雄著. 反日感情を操る中国の正体：日本よ、これだけは中国に謝罪させよ！. 東京：日本文芸社, 2012.
74. 江口博保, 吉田暁路, 浅野亮編著. 肥大化する中国軍：増大する軍事費から見た戦力整備. 京都：晃洋書房, 2012.

75. 勝又壽良著．火を噴く尖閣：中国は「武断外交」へ：「GDP 世界一」論で超強気．東京：星雲社，2012.
76.* 川村純彦著．尖閣を獲りに来る中国海軍の実力：自衛隊はいかに立ち向かうか．東京：小学館，2012.
77. 山田吉彦，潮匡人著．尖閣激突：日本の領土は絶対に守る．東京：扶桑社，2012.
78. 井上和彦著．尖閣武力衝突：日中もし戦わば．東京：飛鳥新社，2012.
79. 岡田充著．尖閣諸島問題：領土ナショナリズムの魔力．町田：蒼蒼社，2012.
80. 孫崎享編．検証尖閣問題．東京：岩波書店，2012.
81. 中西輝政著．迫りくる日中冷戦の時代：日本は大義の旗を掲げよ．東京：PHP 研究所，2012.
82. 家近亮子，松田康博，段瑞聡編著．岐路に立つ日中関係：過去との対話・未来への模索（改訂版）．京都：晃洋書房，2012.
83.* 櫻井よしこ，国家基本問題研究所編．日本とインドいま結ばれる民主主義国家：中国「封じ込め」は可能か．東京：文藝春秋，2012.
84. 黄文雄責任編集；宮脇淳子［ほか］著．日本は中国にこうして侵略される!：尖閣どころか沖縄が危ない!：初めて解明された侵略の原理と歴史法則．東京：ヒカルランド，2012.
85. 鳴霞著．日本掠奪：知ったら怖くなる中国政府と人民解放軍の実態．町田：桜の花出版，2012.
86. 国家基本問題研究所．日印安全保障共同研究報告書：対中国「戦略的提携」の構築．東京：国家基本問題研究所，2012.
87.* 日中ジャーナリスト交流会議編．日中の壁．東京：築地書館，2012.
88. 丹羽文生著．日中国交正常化と台湾：焦燥と苦悶の政治決断．東京：北樹出版，2012.
89. 加藤嘉一著．脱・中国論：日本人が中国とうまく付き合うための56のテーゼ．東京：日経 BP 社，2012.
90.* 「外交」編集委員会編．外交．特集．日中和解 40 年目の岐路．東京：時事通信社；外務省発行，2012.
91. 宮崎正弘著．習近平が仕掛ける尖閣戦争．東京：並木書房，2012.
92. 楊中美著．習近平が仕掛ける新たな反日．東京：徳間書店，2012.
93. 戦略研究学会．戦略的視点からの日中関係：特集．東京：芙蓉書房出版，2012.

94. 櫻井よしこ 著．中国に立ち向かう覚悟：日本の未来を拓く地政学．東京：小学館，2012.
95. 大西広著．中国に主張すべきは何か：西方化、中国化、毛沢東回帰の間で揺れる中国．京都：かもがわ出版，2012.
96. 櫻井よしこ，北村稔，国家基本問題研究所編．中国はなぜ「軍拡」「膨張」「恫喝」をやめないのか：その侵略的構造を解明する．東京：文藝春秋，2012.
97.* 白石隆，ハウ・カロライン著．中国は東アジアをどう変えるか：21 世紀の新地域システム．東京：中央公論新社，2012.
98. 富坂聰著．中国を毒にするも薬にするも日本次第：幼稚な反中感情を排した中国論．東京：飛鳥新社，2012.
99. 渡部昇一著．中国を永久に黙らせる100 問 100 答．（2007 年刊の改訂新版）．東京：ワック，2012.
100.* 茅原郁生著．中国軍事大国の原点：鄧小平軍事改革の研究．町田：蒼蒼社，2012.
101. 富坂聰著．中国人民解放軍の内幕．東京：文藝春秋，2012.
102. 塩沢英一著．中国人民解放軍の実力．東京：筑摩書房，2012.
103. 鳴霞著．中国人民解放軍知られたくない真実：変貌する「共産党の軍隊」の実像．東京：潮書房光人社，2012.
104. 八牧浩行著．中国危機：巨大化するチャイナリスクに備えよ．東京：あさ出版，2012.
105. 飯田泰三，李暁東編．転形期における中国と日本：その苦悩と展望．東京：国際書院，2012.

经济・能源

106. 浦田秀次郎，小島眞，日本経済研究センター編著．インドvs. 中国：二大新興国の実力比較．東京：日本経済新聞出版社，2012.
107. 梶田幸雄，温琳著．これからの新しい中国ビジネス：中国市場開拓の課題と展望．東京：エヌ・エヌ・エー，2012.
108.* 川島博之著．データで読み解く中国経済：やがて中国の失速がはじまる．東京：東洋経済新報社，2012.
109. 渡辺利夫，21 世紀政策研究所監修，大橋英夫編．変貌する中国経済と日

系企業の役割．東京：勁草書房，2012.
110. 吉野文雄編．東南アジアと中国・華僑．東京：成文堂，2012.
111. 川上桃子著．圧縮された産業発展：台湾ノートパソコン企業の成長メカニズム．名古屋：名古屋大学出版会，2012.
112. 中兼和津次著．開発経済学と現代中国．名古屋：名古屋大学出版会，2012.
113. 経済産業省大臣官房調査統計グループ編．日中国際産業連関表．平成19年（2007年）．東京：経済産業調査会，2012.
114. 澤津直也編集．日中経済産業白書．2011/2012．復興とともに拓け日中協力の新次元．東京：日中経済協会，2012.
115. 山田光男，木下宗七，武戈編著．日中経済発展の計量分析．東京：勁草書房，2012.
116. 都留康，守島基博編著．世界の工場から世界の開発拠点へ：製品開発と人材マネジメントの日中韓比較．東京：東洋経済新報社，2012.
117. 伊藤昭男著．現代中国の資源戦略：資源の再考察と資源化のダイナミクス．札幌：HINAS，2012.
118. 久末亮一著．香港「帝国の時代」のゲートウェイ．名古屋：名古屋大学出版会，2012.
119.* 戴二彪著．新移民と中国の経済発展：頭脳流出から頭脳循環へ．東京：多賀出版，2012.
120. 21世紀中國總研．一目でわかる中国進出企業地図．2012－2013年版．町田：蒼蒼社，2012.
121. 矢吹晋編．一目でわかる中国経済地図（第2版）：2015年までの展望．町田：蒼蒼社，2012.
122. 柯隆著．中国が普通の大国になる日．東京：日本実業出版社，2012.
123. 宮崎正弘著．中国が世界経済を破綻させる．東京：清流出版，2012.
124. 青柳斉編著．中国コメ産業の構造と変化：ジャポニカ米市場の拡大．京都：昭和堂，2012.
125. 岡本信広著．中国の地域経済：空間構造と相互依存．東京：日本評論社，2012.
126. 邵永裕著．中国の都市化と工業化に関する研究：資源環境制約下の歴史的・空間的展開．東京：多賀出版，2012.
127. 張秋華著；太田康夫監修．中国の金融システム：貨幣政策、資本市場、金融セクター．東京：日本経済新聞出版社，2012.

128. 塚本隆敏著．中国の労働問題．東京：創成社, 2012.
129.* 大西広編著．中国の少数民族問題と経済格差．京都：京都大学学術出版会, 2012.
130. 池上彰英著．中国の食糧流通システム．東京：御茶の水書房, 2012.
131. 平野嘉秋著．中国の租税制度．東京：大蔵財務協会, 2012.
132. 藤村幸義, 美土代研究会著．中国バブル経済のからくり．東京：勁草書房, 2012.
133. 副島隆彦著．中国は世界恐慌を乗り越える．東京：ビジネス社, 2012.
134. 青木直人著．中国ビジネスの崩壊：未曽有のチャイナリススクに襲われる日本企業．東京：宝島社, 2012.
135.* 副島隆彦, 石平著．中国崩壊か繁栄か!?：殴り合い激論．東京：李白社, 2012.
136. 加藤弘之編著．中国長江デルタの都市化と産業集積．東京：勁草書房, 2012.
137. 柴田聡, 長谷川貴弘著．中国共産党の経済政策．東京：講談社, 2012.
138. 古島義雄著．中国金融市場論：21 世紀初頭における地域的多様性を中心として．京都：晃洋書房, 2012.
139. 浜矩子著．中国経済あやうい本質．東京：集英社, 2012.
140. 日中経済協会．中国経済データハンドブック. 2012 年版．東京：日中経済協会, 2012.
141. 波多野淳彦著．中国経済の基礎知識：世界第二の経済大国を支える制度と政策（改訂新版）．東京：ジェトロ；官報取扱所, 2012.
142.* 真家陽一編著．中国経済の実像とゆくえ．東京：ジェトロ（日本貿易振興機構）, 2012.
143. 中藤康俊著．中国岐路に立つ経済大国：四半世紀の中国を見て．岡山：大学教育出版, 2012.
144. 亜州 IR 編．中国企業データマップ 2012—2013 年版．東京：日本経済新聞出版社, 2012.
145. 高瑞紅著．中国企業の組織学習：国際提携を通じたパラダイム転換．東京：中央経済社, 2012.
146. 石平, 福島香織著．中国人がタブーにする中国経済の真実．東京：PHP 研究所, 2012.
147. 阿部享士著．中国人とお金：なぜ日本企業は中国で失敗するのか？．東京：廣済堂出版, 2012.

历史・文化

148. 平勢隆郎著.「八紘」とは何か. 東京: 汲古書院, 2012.
149. 釈宗演編著; 湯浅邦弘監修. 菜根譚講話. 東京: 大空社, 2012.
150.* 井上清著.「尖閣」列島: 釣魚諸島の史的解明.（新版）. 東京: 第三書館, 2012.
151. 伊原弘編.「清明上河図」と徽宗の時代: そして輝きの残照. 東京: 勉誠出版, 2012.
152. 渡邉義浩著.「三国志」の政治と思想: 史実の英雄たち. 東京: 講談社, 2012.
153. 志賀市子著.「神」と「鬼」(き) の間: 中国東南部における無縁死者の埋葬と祭祀. 東京: 風響社, 2012.
154. 伊藤徳也著.「生活の芸術」と周作人: 中国のデカダンス＝モダニティ. 東京: 勉誠出版, 2012.
155. 西園寺一晃著.「周恩来と池田大作」の一期一会. 東京: 潮出版社, 2012.
156. 安住恭子著.『草枕』の那美と辛亥革命. 東京: 白水社, 2012.
157. 橋本恭子著.『華麗島文学志』とその時代: 比較文学者島田謹二の台湾体験. 東京: 三元社, 2012.
158. 小南一郎著.『詩経』: 歌の原始. 東京: 岩波書店, 2012.
159. 福本郁子著.『詩經』興詞研究. 東京: 研文出版, 2012.
160. 西尾幹二著. 戦前の日本人が見抜いた中国の本質. GHQ 焚書図書開封. 7. 東京: 徳間書店, 2012.
161. 小林一美著. M・ヴェーバーの中国社会論の射程. 東京: 研文出版（山本書店出版部), 2012.
162.* 城戸久枝著. あの戦争から遠く離れて: 私につながる歴史をたどる旅 (再刊). 東京: 文藝春秋, 2012.
163.* 貴堂嘉之著. アメリカ合衆国と中国人移民: 歴史のなかの「移民国家」アメリカ. 名古屋: 名古屋大学出版会, 2012.
164. 化濱著. コスプレでつながる中国と日本: 越境するサブカルチャー. 東京: 学術出版会, 2012.
165. 山田勝久著. シルクロードの光彩: 西域踏査 40 年・悠久の夢とロマンを馳せて. 東京: 笠間書院, 2012.

166. 野口信彦編著．シルクロード万華鏡：それぞれのグレートジャーニー．東京：本の泉社，2012.
167. 日高俊著．チベット人の民族意識と仏教：その歴史と現在．東京：風響社，2012.
168. 高本康子著．チベット学問僧として生きた日本人：多田等観の生涯．東京：芙蓉書房出版，2012.
169. 石平著．なぜ中国人はこんなに残酷になれるのか：中国大虐殺史．東京：ビジネス社，2012.
170. 水間政憲著．ひと目でわかる日韓・日中歴史の真実．東京：PHP研究所，2012.
171. 楊海英編．モンゴル人ジェノサイドに関する基礎資料，4，毒草とされた民族自決の理論．東京：風響社，2012.
172. 中田秀太郎著．知らないとバカを見る中国人の取扱説明書（トリセツ）：中国人はいったい何を考えているのか．東京：日本文芸社，2012.
173. 牧陽一編．艾未未読本．[福岡]：集広舎，2012.
174. 杉山祐之著．覇王と革命：中国軍閥史一九一五——一九二八．東京：白水社，2012.
175. 秋谷幸治著．白居易文学論研究：伝統の継承と革新．東京：汲古書院，2012.
176. 神鷹徳治著．白氏文集は〈もんじゅう〉か〈ぶんしゅう〉か："文集"閑談．東京：游学社，2012.
177. 須江隆編．碑と地方志のアーカイブズを探る．東京：汲古書院，2012.
178. 布目潮渢著．茶経：全訳注．東京：講談社，2012.
179. 城地孝著．長城と北京の朝政：明代内閣政治の展開と変容．京都：京都大学学術出版会，2012.
180. 西村武著．長江中下流域の人々と貴州省少数民族との関連を求めて：侗族探求の旅．東京：日本僑報社，2012.
181. 竹村亞希子著．超訳・易経：自分らしく生きるためのヒント．東京：角川マガジンズ，2012.
182. 李正熙著．朝鮮華僑と近代東アジア．京都：京都大学学術出版会，2012.
183. 浅野裕一，小沢賢二著．出土文献から見た古史と儒家経典．東京：汲古書院，2012.
184. 吹野安著．楚辞集注全注釈．5，遠遊・卜居・漁父．東京：明徳出版社，2012.

185. 吹野安著．楚辞集注全注釈．6，九辯．東京：明徳出版社，2012.
186. 宇都木章著．春秋戦国時代の貴族と政治．東京：名著刊行会，2012.
187. 大平光代著．大平光代の“子育てに効く”論語．東京：中央公論新社，2012.
188. 名古屋中国古代史研究会編．地域と人間から見た古代中国：江村治樹教授退職記念中国史論集．江南：名古屋中国古代史研究会，2012.
189. 岸本美緒著．地域社会論再考：明清史論集．2. 東京：研文出版，2012.
190. 佐藤正広著．帝国日本と統計調査：統治初期台湾の専門家集団．東京：岩波書店，2012.
191.* 河野貴美子，張哲俊編．東アジア世界と中国文化：文学・思想にみる伝播と再創．東京：勉誠出版，2012.
192. 谷口匡著．読み継がれる史記：司馬遷の伝記文学．東京：塙書房，2012.
193. 川合康三著．杜甫．東京：岩波書店，2012.
194. 後藤秋正著．杜甫詩話：何れの日にか是れ帰年ならん．東京：研文出版，2012.
195. 吉川幸次郎著；興膳宏編．杜甫詩注．第1冊，総序．巻1，書生の歌．上．東京：岩波書店，2012.
196.* 中島隆博著．悪の哲学：中国哲学の想像力．東京：筑摩書房，2012.
197. 長谷川暁子著．二つの祖国の狭間に生きる：長谷川テルの遺児暁子の半生．東京：同時代社，2012.
198. 貴志俊彦，松重充浩，松村史紀編．二〇世紀満洲歴史事典．東京：吉川弘文館，2012.
199. 浅野亮，川井悟編著．概説近現代中国政治史．京都：ミネルヴァ書房，2012.
200.* 譚璐美著．革命いまだ成らず：日中百年の群像．東京：新潮社，2012.
201. 中尾健一郎著．古都洛陽と唐宋文人．東京：汲古書院，2012.
202.* 奈倉京子著．帰国華僑：華南移民の帰還体験と文化的適応．東京：風響社，2012.
203. 鄭成著．国共内戦期の中共・ソ連関係：旅順・大連地区を中心に．東京：御茶の水書房，2012.
204. 鬼頭春樹著．国交正常化交渉北京の五日間：こうして中国は日本と握手した．東京：NHK出版，2012.
205. 永田英正著．漢の武帝．東京：清水書院，2012.
206. 松浦史子著．漢魏六朝における『山海経』の受容とその展開：神話の時

空と文学・図像．東京：汲古書院, 2012.
207. 浜田直也著．賀川豊彦と孫文．神戸：神戸新聞総合出版センター, 2012.
208. 前野みち子［ほか］編．侯孝賢の詩学と時間のプリズム．名古屋：あるむ, 2012.
209.* 阿部幸夫著．幻の重慶〈二流堂〉：日中戦争下の芸術家群像．東京：東方書店, 2012.
210. 三田村泰助著．宦官：側近政治の構造．（中央公論社 1963 年刊改版）．東京：中央公論新社, 2012.
211. 茂木啓一著．徽宗のやきもの：汝官窯と北宋官窯の軌跡．東京：ボロンテ, 2012.
212. 白川静著．甲骨金文学論叢．下．1. 東京：平凡社, 2012.
213. 白川静著．甲骨金文学論叢．下．2. 東京：平凡社, 2012.
214. 張大順監修；千代光之著．甲骨文書写：甲骨文結構「八非」の法則．東京：木耳社, 2012.
215. 福山泰男著．建安文學の研究．東京：汲古書院, 2012.
216. 家近亮子著．蔣介石の外交戦略と日中戦争．東京：岩波書店, 2012.
217. 孔月著．芥川龍之介中国題材作品と病．東京：学術出版会, 2012.
218. 高澤浩一編．近出殷周金文考釈，第 1 集，河南省．東京：研文出版, 2012.
219.* 木越義則著．近代中国と広域市場圏：海関統計によるマクロ的アプローチ．京都：京都大学学術出版会, 2012.
220. 小林元裕著．近代中国の日本居留民と阿片．東京：吉川弘文館, 2012.
221. 原正人著．近代中国の知識人とメディア、権力：研究系の行動と思想, 1912 ~ 1929. 東京：研文出版（山本書店出版部）, 2012.
222. 孫江著．近代中国の宗教・結社と権力．東京：汲古書院, 2012.
223. 吉澤誠一郎監修・解説．近代中国都市案内集成．北京・天津編．（全 13 巻）．東京：ゆまに書房, 2012.
224. 孫安石監修・解説．近代中国都市案内集成．上海編．（全 12 巻）．東京：ゆまに書房, 2012.
225. 岡本隆司，吉澤誠一郎編．近代中国研究入門．東京：東京大学出版会, 2012.
226.* 渡辺美季著．近世琉球と中日関係．東京：吉川弘文館, 2012.
227. 並木頼寿著．近現代の日中関係を問う．東京：研文出版, 2012.
228. 瀬川昌久編．近現代中国における民族認識の人類学．京都：昭和堂, 2012.

229. 栗三直隆著．浄土と曇鸞：中国仏教をひらく．富山：桂書房, 2012.

230. 中嶋隆藏著．静坐：実践・思想・歴史．東京：研文出版, 2012.

231. 西原哲也著．覚醒中国：秘められた日本企業史．東京：社会評論社, 2012.

232. 遠藤誉著．卡子（チャーズ）：中国建国の残火．東京：朝日新聞出版, 2012.

233. 瀬川昌久, 飯島典子編．客家の創生と再創生：歴史と空間からの総合的再検討．東京：風響社, 2012.

234.* 神田豊隆著．冷戦構造の変容と日本の対中外交：二つの秩序観 1960—1972. 東京：岩波書店, 2012.

235. 金文京著．李白：漂泊の詩人その夢と現実．東京：岩波書店, 2012.

236. 福田俊昭著．李嶠と雑詠詩の研究 上製．東京：汲古書院, 2012.

237. 山本和義著．理と詩情：中国文学のうちそと．東京：研文出版, 2012.

238. 古賀登著．両税法成立史の研究．東京：雄山閣, 2012.

239. 大上正美著．六朝文学が要請する視座：曹植・陶淵明・庾信．東京：研文出版, 2012.

240. 宇野直人, 江原正士著．陸游から魯迅へ．東京：平凡社, 2012.

241. 熊倉功夫, 程啓坤編．陸羽『茶経』の研究．京都：宮帯出版社, 2012.

242. 佐久協監修．論語：生きるための「知力」をつける．東京：池田書店, 2012.

243. 湯浅邦弘著．論語：真意を読む．東京：中央公論新社, 2012.

244. 二上貴夫．論語テキスト：四九九章の訓と解（第 2 版）．东京：二上俳諧塾, 2012.

245. 牧野武文著．論語なう：140 文字でわかる孔子の教え．東京：マイナビ, 2012.

246. 井波律子著．論語入門．東京：岩波書店, 2012.

247. 森山康平著；太平洋戦争研究会編．満州帝国50の謎．東京：ビジネス社, 2012.

248. 岡村敬二著．満洲出版史．東京：吉川弘文館, 2012.

249. 鈴木仁麗著．満洲国と内モンゴル：満蒙政策から興安省統治へ．東京：明石書店, 2012.

250. 鳥居民著．毛沢東五つの戦争．東京：草思社, 2012.

251. 是永駿著．茅盾小説論：幻想と現実．東京：汲古書院, 2012.

252. 野嶋剛著. 謎の名画・清明上河図: 北京故宮の至宝. その真実. 東京: 勉誠出版, 2012.
253. 菊池敏夫著. 民国期上海の百貨店と都市文化. 東京: 研文出版, 2012.
254. 吉尾寛編. 民衆反乱と中華世界: 新しい中国史像の構築に向けて. 東京: 汲古書院, 2012.
255. 湯浅邦弘編著. 名言で読み解く中国の思想家. 京都: ミネルヴァ書房, 2012.
256. 岸本美緒著. 明清史論集. 1, 風俗と時代観. 東京: 研文出版, 2012.
257. 足立啓二著. 明清中国の経済構造. 東京: 汲古書院, 2012.
258. 伊野弘子訳注. 冥報記全釋. 東京: 汲古書院, 2012.
259. 森三樹三郎訳. 墨子. 東京: 筑摩書房, 2012.
260. 谷崎光著. 男脳中国女脳日本: なぜ彼らは騙すのか. 東京: 集英社インクーナツヨナル, 2012.
261. 菅野博史著. 南北朝・隋代の中国仏教思想研究. 東京: 大蔵出版, 2012.
262. 川野元雄著. 南京「大虐殺」被害証言の検証: 技術屋が解明した虚構の構造. 東京: 展転社, 2012.
263. 内海忠司著; 近藤正己, 北村嘉恵, 駒込武編. 内海忠司日記: 1928—1939: 帝国日本の官僚と植民地台湾. 京都: 京都大学学術出版会, 2012.
264. 小島毅監修; 山川均編. 寧波と宋風石造文化. 東京: 汲古書院, 2012.
265. 古田敬一主編, 広島明清小説研究会編. 拍案驚奇訳注. 第3冊, 包公の証文裁き. 東京: 汲古書院, 2012.
266. 井上久士, 川上詩朗編. 平頂山事件資料集. 東京: 柏書房, 2012.
267. 氣賀澤保規編. 遣隋使がみた風景: 東アジアからの新視点. 東京: 八木書店, 2012.
268. 小野信爾著. 青春群像: 辛亥革命から五四運動へ. 東京: 汲古書院, 2012.
269. 山本一生著. 青島の近代学校: 教員ネットワークの連続と断絶. 東京: 皓星社, 2012.
270. 北川博邦編. 清人篆隷字典 (新装版, 3版). 東京: 雄山閣, 2012.
271. 徳田武著. 秋成前後の中国白話小説. 東京: 勉誠出版, 2012.
272.* 入矢義高著. 求道と悦楽: 中国の禅と詩. (増補). 東京: 岩波書店, 2012.
273. 渡邉義浩, 池田雅典編. 全譯後漢書 第5冊. 東京: 汲古書院, 2012.
274. 渡邉義浩, 高山大毅, 平澤歩編. 全譯後漢書 第7冊. 東京: 汲古書院, 2012.

275. 子安宣邦著. 日本人は中国をどう語ってきたか. 東京: 青土社, 2012.
276. 陳培豊著. 日本統治と植民地漢文: 台湾における漢文の境界と想像. 東京: 三元社, 2012.
277. 松田吉郎編著. 日本統治時代台湾の経済と社会. 京都: 晃洋書房, 2012.
278. 谷口光徳著. 日清戦争から学ぶこと: 尖閣諸島領有権問題を考える. 東京: 彩流社, 2012.
279. 藤田佳久著. 日中に懸ける: 東亜同文書院の群像. 名古屋: 中日新聞社, 2012.
280. 劉建輝著. 日中二百年: 支え合う近代. 東京: 武田ランダムハウスジャパン, 2012.
281.* 高原明生, 服部龍二編. 日中関係史: 1972—2012. 1, 政治. 東京: 東京大学出版会, 2012.
282.* 服部健治, 丸川知雄編. 日中関係史: 1972—2012. 2, 経済. 東京: 東京大学出版会, 2012.
283.* 園田茂人編. 日中関係史: 1972—2012. 3, 社会・文化. 東京: 東京大学出版会, 2012.
284. 加藤隆三木, 加藤安編. 日中経済・人的交流年表: 日本と中国交流 40 年の歴史. [東京]: 創英社, 2012.
285. 中支戎克協会編; 南満洲鉄道庶務部調査課編. 戎克: 中国の帆船. 支那の戎克と南満の三港. 東京: 大空社, 2012.
286. 服部宇之吉編. 儒教要典. 東京: 博文館新社, 2012.
287. 井ノ口哲也著. 入門中国思想史. 東京: 勁草書房, 2012.
288. 小倉紀蔵著. 入門朱子学と陽明学. 東京: 筑摩書房, 2012.
289. 渡辺精一著. 三国志 40 人の名脇役. 東京: 二玄社, 2012.
290. 三国志学会編. 三国志論集: 林田愼之助博士傘寿記念. 東京: 三国志学会, 2012.
291. 岩間一弘 [ほか] 編著. 上海: 都市生活の現代史. 東京: 風響社, 2012.
292. 鈴木将久著. 上海モダニズム. 東京: 中国文庫, 2012.
293. 岩間一弘著. 上海大衆の誕生と変貌: 近代新中間層の消費・動員・イベント. 東京: 東京大学出版会, 2012.
294. 宮田道昭著. 上海歴史探訪: 近代上海の交友録と都市社会. 東京: 東方書店, 2012.
295. 客野耕正著. 少年が見た満州帝国. 東京: 文芸社, 2012.

296. 渡邉昌史著．身体に託された記憶：台湾原住民の土俵をもつ相撲．東京：明和出版，2012.
297. 城谷武男著；角田篤信編．沈従文「辺城」の評釈．札幌：サッポロ堂書店．2012.
298. 伊藤順子著．声力：タイヤル族の朗唱の研究．東京：文芸社，2012.
299. 牧角悦子著．詩経・楚辞：ビギナーズ・クラシックス中国の古典．東京：角川学芸出版，2012.
300. 筧久美子著．詩仙とその妻たち：李白の実像を求めて．東京：研文出版，2012.
301. 渡邉義浩著．十八史略で読む三国志．東京：朝倉書店，2012.
302. 謡口明著．時代を超えて楽しむ論語．東京：朝倉書店，2012.
303. 石岡浩［ほか］著．史料からみる中国法史．京都：法律文化社，2012.
304. 伏見冲敬著．書の歴史，中国篇．東京：二玄社，2012.
305. 石川九楊著．説き語り中国書史．東京：新潮社，2012.
306.* 志々目彰著．私記日中戦争史：年老いた幼年生徒はいま何を思うか．東京：日本僑報社，2012.
307. 島居一康著．宋代財政構造の研究．東京：汲古書院，2012.
308. 山田俊著．宋代道家思想史研究．東京：汲古書院，2012.
309. 畑地正憲著．宋代軍政史研究．北九州：北九州中国書店，2012.
310. 平田茂樹著．宋代政治構造研究．東京：汲古書院，2012.
311. 海運貿易新聞台湾支社編．台湾海運史．東京：大空社，2012.
312. 檜山幸夫編・解説．台湾史研究叢書．第10巻，蕃郷風物記；台湾地名研究．東京：クレス出版，2012.
313. 檜山幸夫編・解説．台湾史研究叢書．第6巻，台湾島史；台湾土俗誌．東京：クレス出版，2012.
314. 檜山幸夫編・解説．台湾史研究叢書．第7巻，台湾志．東京：クレス出版，2012.
315. 檜山幸夫編・解説．台湾史研究叢書．第8巻，台湾匪誌；事変と台湾人．東京：クレス出版，2012
316. 檜山幸夫編・解説．台湾史研究叢書．第9巻，台湾の蕃族．東京：クレス出版，2012.
317. 赤松美和子著．台湾文学と文学キャンプ：読者と作家のインタラクティブな創造空間．東京：東方書店，2012.
318. 河原功解題；船橋治編集．台湾引揚者関係資料集．第5巻，愛光新聞

(52—96 号/'59 年 1 月—'62 年 9 月). 東京: 不二出版, 2012.
319. 河原功解題; 船橋治編集. 台湾引揚者関係資料集. 第 6 巻, 台湾協会報 (104—159 号/'63 年 6 月—'67 年 12 月). 東京: 不二出版, 2012.
320. 河原功解題; 船橋治編集. 台湾引揚者関係資料集. 第 7 巻, 台湾協会報 (160—219 号/'68 年 1 月—'72 年 12 月). 東京: 不二出版, 2012.
321. 河原功解題; 船橋治編集. 台湾引揚者関係資料集. 付録 1, 台湾引揚史 ('82 年 12 月). 東京: 不二出版, 2012.
322. 河原功解題; 船橋治編集. 台湾引揚者関係資料集. 付録2, 琉球官兵顛末記 ('86 年 12 月). 東京: 不二出版, 2012.
323. 松岡格著. 台湾原住民社会の地方化: マイノリティの20 世紀. 東京: 研文出版 (山本書店出版部), 2012.
324. 岡田充博著. 唐代小説「板橋三娘子」考: 西と東の変驢変馬譚のなかで. 東京: 知泉書館, 2012.
325. 中村裕一著. 唐令の基礎的研究. 東京: 汲古書院, 2012.
326. 静永健著. 唐詩推敲: 唐詩研究のための四つの視点. 東京: 研文出版 (山本書店出版部), 2012.
327. 釜谷武志著. 陶淵明:「距離」の発見. 東京: 岩波書店, 2012.
328. 下定雅弘著. 陶淵明と白楽天: 生きる喜びをうたい続けた詩人. 東京: 角川学芸出版, 2012.
329. 箱田恵子著. 外交官の誕生: 近代中国の対外態勢の変容と在外公館. 名古屋: 名古屋大学出版会, 2012.
330. 松原朗著. 晚唐詩の揺籃: 張籍・姚合・賈島論. 東京: 専修大学出版局, 2012.
331. 渡邉義浩著. 王莽: 改革者の孤独. 東京: 大修館書店, 2012.
332. 藤野月子著. 王昭君から文成公主へ: 中国古代の国際結婚. 福岡: 九州大学出版会, 2012.
333. 福原啓郎著. 魏晉政治社会史研究. 京都: 京都大学学術出版会, 2012.
334. 本田弘之著. 文革から「改革開放」期における中国朝鮮族の日本語教育の研究. 東京: ひつじ書房, 2012.
335. 田中道雄著. 文化保存型のまちづくり: 什刹海と大柵欄. 東京: 創成社, 2012.
336. 五胡の会編. 五胡十六国覇史輯佚. 東京: 燎原書店, 2012.
337. 椎名宏雄編. 五山版中国禅籍叢刊 第 1 巻 (燈史 1). 京都: 臨川書店, 2012.

338. 宮崎正弘著．現代中国「国盗り物語」：かくして「反日」は続く．東京：小学館，2012.
339. 孫樹林著．現代中国の流行語：激変する中国の今を読む．大阪：風詠社，2012.
340. 木間正道［ほか］著．現代中国法入門（第6版）．東京：有斐閣，2012.
341. 加瀬英明，石平著．相手が悪いと思う中国人相手に悪いと思う日本人．東京：ワック，2012.
342. ［小川尚義著］；林初梅編．小川尚義論文集：日本統治時代における台湾諸言語研究．東京：三元社，2012.
343. 平井健一著．斜眼正眼中国見聞録．東京：小学館スクウェア，2012.
344. 辛亥革命百周年記念論集編集委員会編．辛亥革命：総合研究．東京：岩波書店，2012.
345. 桐野作人著．新・読み解き三国志．東京：廣済堂出版，2012.
346. 吉村誠，山口弘江訳注．新国訳大蔵経．中国撰述部1—3．東京：大蔵出版，2012.
347. 田中仁［ほか］著．新図説中国近現代史：日中新時代の見取図．京都：法律文化社，2012.
348. 秋月瑞彦．遙かなる満州事変．あなたは満州を知っていますか．東京：文芸社，2012.
349. 佐久協［訳］．一気に通読できる完訳「論語」．東京：祥伝社，2012.
350. 坂井洋史著．逸脱と啓示：中国現代作家研究．東京：汲古書院，2012.
351. 池田知久［著訳］．訳注「淮南子」．東京：講談社，2012.
352. 落合淳思著．殷代史研究．京都：朋友書店，2012. 3.
353. 檀上寛［著］．永楽帝：華夷秩序の完成．東京：講談社，2012.
354.* 大東和重著．郁達夫と大正文学：「自己表現」から「自己実現」の時代へ．東京：東京大学出版会，2012.
355. 藤野彪［著］；牧野修二［編］．元朝史論集．東京：汲古書院，2012.
356. 東亜海運編．支那の航運．東京：大空社，2012.
357. 坂本和子著．織物に見るシルクロードの文化交流：トゥルファン出土染織資料 – 錦綾を中心に．東京：同時代社，2012.
358. 堀池信夫著．中国イスラーム哲学の形成：王岱與研究．京都：人文書院，2012.
359. 戸張東夫著．中国のお笑い：伝統話芸“相声”の魅力．東京：大修館書店，2012.

360. 中国ムスリム研究会編．中国のムスリムを知るための60章．東京：明石書店, 2012.
361. 水羽信男著．中国の愛国と民主：章乃器とその時代．東京：汲古書院, 2012.
362. 関西日中関係学会, 神戸社会人大学編．中国の近代化．相模原：桜美林大学北東アジア総合研究所, 2012.
363. 吉川幸次郎著．中国の知恵：孔子について．東京：筑摩書房, 2012.
364. 斎藤道彦編著．中国への多角的アプローチ．1．八王子：中央大学出版部, 2012.
365. 徐光冀総監修；古田真一監修・訳．中国出土壁画全集（10巻）．東京：科学出版社東京, 2012.
366. 阿南友亮著．中国革命と軍隊：近代広東における党・軍・社会の関係．東京：慶應義塾大学出版会, 2012.
367. 石井知章著．中国革命論のパラダイム転換：K・A・ウィットフォーゲルの「アジア的復古」をめぐり．東京：社会評論社, 2012.
368. 鈴木直美著．中国古代家族史研究：秦律・漢律にみる家族形態と家族観．東京：刀水書房, 2012.
369. 横田恭三著．中国古代簡牘のすべて．東京：二玄社, 2012.
370. 和田英信著．中国古典文学の思考様式．東京：研文出版（山本書店出版部）, 2012.
371. 菅野恵美著．中国漢代墓葬装飾の地域的研究．東京：勉誠出版, 2012.
372. 矢野光治著．中国漢字文化と日本．東京：駿河台出版社, 2012.
373. 森岡優紀編．中国近代小説の成立と写実．京都：京都大学学術出版会, 2012.
374. 中砂明徳著．中国近世の福建人：士大夫と出版人．名古屋：名古屋大学出版会, 2012.
375. 久保亨編．中国経済史入門．東京：東京大学出版会, 2012.
376. 王国輝著．中国労農教育政策の形成と展開：解放後の国家政策における人材観を中心に．岡山：大学教育出版, 2012.
377. 柏原成光著．中国暮らしやってみました：65歳からの日本語教師．東京：風濤社, 2012.
378. 金文学著．中国人が明かす中国人の本性：中国国民性新解読．東京：祥伝社, 2012.
379. 黄文雄著．中国人が死んでも認めない捏造だらけの中国史．東京：産経新聞出版, 2012.

380. 入江昭編著, 岡本幸治監訳. 中国人と日本人: 交流・友好・反発の近代史. 京都: ミネルヴァ書房, 2012.

381. 『中国人の日本観』編集委員会編. 中国人の日本観. 第2巻, 二十一か条要求から日本敗戦まで. 東京: 社会評論社, 2012.

382. 中林広一著. 中国日常食史の研究. 東京: 汲古書院, 2012.

383. 斯波義信編著. 中国社会経済史用語解. 東京: 東洋文庫, 2012.

384. 濱田瑞美著. 中国石窟美術の研究. 東京: 中央公論美術出版, 2012.

385. 朱建栄著. 中国外交: 苦難と超克の100年. 東京: PHP研究所, 2012.

386. 渡邉義浩監修. 中国王朝四〇〇〇年史: アジアに君臨した中華帝国の興亡. 東京: 新人物往来社, 2012.

387. 飯島武次著. 中国夏王朝考古学研究. 東京: 同成社, 2012.

388. 王妙發著. 中国先史集落の考古地理学研究. 吹田: 大阪大学出版会, 2012.

389. 佐藤正光, 木村守編. 中国学芸聚華. 松岡榮志教授還暦記念論集. 白帝社, 2012.

390. 田中信一著. 中国言語文字現代化の推移: 1949年~1995年編年誌. [東京]: 鳳書房, 2012.

391. 劉文兵著. 中国映画の熱狂的黄金期: 改革開放時代における大衆文化のうねり. 東京: 岩波書店, 2012.

392. 吉田浤一著. 中国専制国家と家族・社会意識. 京都: 文理閣, 2012.

393. 小竹直人著. 中国最后的火車: 消えゆく「蒸機」風景最後の記録. 東京: 彩流社, 2012.

394. 佐藤錬太郎, 鄭吉雄編著. 中國古典の解釋と分析: 日本・臺灣の學術交流. 札幌: 北海道大學出版會, 2012.

395. 森勝彦著. 中華郵便局の歴史地理. 福岡: 中国書店, 2012.

396. 鈴木英司著. 中南海の100日: 秘録・日中国交正常化と周恩来. 東京: 三和書籍, 2012.

397. NHK「中国文明の謎」取材班著. 中夏文明の誕生: 持続する中国の源を探る. 東京: 講談社, 2012.

398. 吾妻重二, 朴元在編. 朱子家礼と東アジアの文化交渉. 東京: 汲古書院, 2012.

399. 安野省三著. 荘綽『雞肋編』漫談. 東京: 汲古書院, 2012.

400. 惠京仔著. 祖国之東風(かぜ). 東京: 日本僑報社, 2012.